木簡
古代からの便り

奈良文化財研究所【編】

岩波書店

はじめに　木簡へのいざない

世界遺産「古都奈良の文化財」の構成要素の一つ平城宮跡《へいじょうきゅうせき》は、日本古代律令国家の歴史をそのまま地中に残す、一三〇ヘクタールに及ぶ広大な遺跡です。明治・大正期の先駆的保存運動と、一九六〇年代の高度経済成長期の開発の波に対する全国的な遺跡保存運動の成果を受けて、その八割以上が国有化され、ほぼ全域が特別史跡として、手厚く保護されるようになって現在に至っています。

奈良文化財研究所(以下、奈文研《なぶんけん》)が継続的に学術調査を担当するようになって、二〇一九年で六〇年を迎えました。発掘はまだ全体の三分の一を超えた程度で、まだ道半ばにも至りませんが、『続日本紀《しょくにほんぎ》』などの限られた史料から断片的にしか知られなかった平城宮の実像を明らかにするだけでなく、そこに律令国家の建設過程が良好な形で土に刻まれて残されている、まさに日本古代国家の生き証人と言える遺跡であることがわかってきました。

数々の調査成果の中でもっとも特筆すべきは、木簡の発見です。文字資料のもつ力は絶大です。歴史的事実を明らかにするだけでなく、遺構や遺物の性格を考えたり、その年代を決めたりする手がかりを与えるのも、それらと一緒に見つかる木簡です。平城宮で働く役人たちがさまざまな事務作業の過程で実際に使った木簡が、そのままの形で見つかるのです。生《なま》の資料といって過言

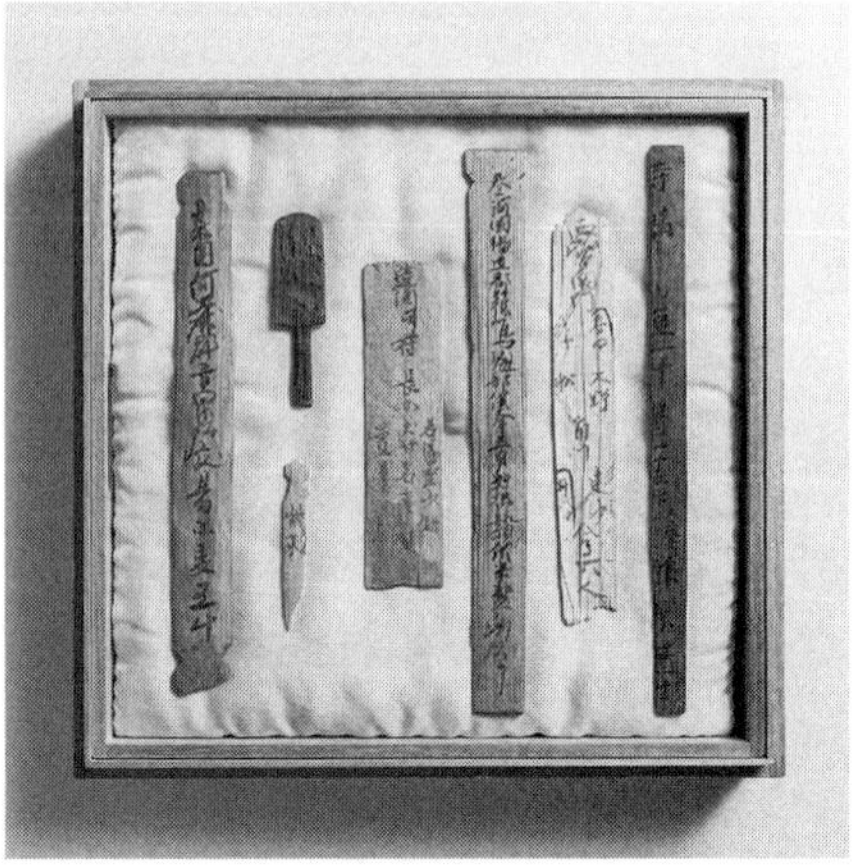

国宝「平城宮跡出土木簡」

ではありません。

二〇一七年、平城宮跡出土木簡が、国宝に指定されました。二〇〇三年に平城宮大膳職《だいぜんしき》推定地出土木簡が、木簡として初めて重要文化財になって以来、四回にわたって役所のまとまりごとに重要文化財に指定されてきました（本書Ⅶ-44参照）。これらを中心に、三一八四点の木簡が、一括して国宝に格上げされたのです。木簡の歴史的価値の高さが認められた結果です。

全国で見つかる木簡は五〇万点に及ぼうとしています。その七割は日本古代の都とその周辺で見つかったものです。現存例では六三〇年代くらいが最古です。大化《たいか》のクーデター後、天智朝《てんじちょう》の木簡使用の実態はまだよくわかりませんが、壬申《じんしん》の乱を経て、中国の律令に基づく国政運営を取り入れて国づくりを再開した飛鳥浄御原宮《あすかきよみはらのみや》の時代から徐々に増え始めます。六六〇年の百済《くだら》の滅亡によって日本に渡ってきた百済の人びとが伝えた文化が、日本の木簡文化の直接のみなもとになったのではないかとみられています。

その後、藤原京《ふじわらきょう》の時代半ばの大宝律令《たいほうりつりょう》の施行によって、木簡使用は爆発的に増え始めます。木簡は、紙とともに、律令国家の文書行政の運営手段として、発達、展開を遂げたのです。八世紀はまさに木簡の世紀と言ってよく、藤原京、平城京、長岡京はまさに木簡の都であって、中でも、平城京とその政治の中心に位置した平城宮は、木簡の宝庫と言えるのではないでしょうか。平城宮が「地下の正倉院《しょうそういん》」と呼ばれるのもうなずかれるのです。

一つひとつの木簡は情報量も限られた小さな史料に過ぎませんが、それらがかなりの数に上るようになった今日、その総体としての声は、ますます大きな意味をもつようになってきています。そこに記された一言が歴史を書き換えるような役割を果たすこともないわけではないのです。木簡なくして日本古代史は語れなくなったと言ってもけっして過言ではありません。

本書では、平城宮の木簡が国宝に指定されたこの機会に、木簡からどんなことがわかるか、いろいろな角度から取り上げてみたいと思います。文字だけが木簡の情報ではありません。いわば木簡という木製品、考古遺物のもつ可能性を最大限引き出してみたいのです。

木簡が書いてあることで自ら語れることには限界があります。木簡にいかに語ってもらうかは、ひとえに私たち調査者の手腕にかかっています。本書の試みがどれだけ成功しているかは、読者のみなさんに判断していただくしかありませんが、みなさんを木簡の世界へいざなうのに本書が少しでもお役に立てば幸いです。

（渡辺晃宏）

目　次

はじめに　木簡へのいざない

I　木簡とはなにか？……1

1　地中の文字は何を語るか　2
2　樹種、書風、形――多彩な荷札　5
3　花かつおか笹の葉か　8
4　木簡使用のはじまり　11
5　木簡の世紀の幕開け　14
6　『日本霊異記』にみえる木簡　17
7　平安時代に消える荷札と削屑　20

II　木簡の発見！　歴史の発見！……23

8　木簡の重要性を決定づけた発見　24

9　ゴミ捨て穴が「標本棚」に　27
10　明治や戦前に見つかったものも――木簡研究前史　30
11　『日本書紀』の修飾を見破る――「郡評論争」と木簡　33
12　藤原京の造営過程を解き明かす　36
13　長屋王宅の決め手となった役所の手紙　39
14　「奈良京」が見つかった　42

Ⅲ　木簡の使われ方……45

15　文書を巻き付ける「軸」も木簡　46
16　削って使い尽くされた　49
17　転用の道は便所や祭祀にも　52
18　犬、鶴、牛乳も登場　55
19　見えてきた古代の文書主義　58
20　正倉院が守った木簡たち　61
21　木と紙の違いとはなにか　64

Ⅳ　あれも木簡？　これも木簡！……67

22　くじか、ゲームか、占いか　68

目次

23 日々の業務を伝える題籤軸 71
24 曲物に残る職人と役人の目線 74
25 木の特性と木簡のはたらき 77
26 まじないの意味を探る 80
27 薄板に書かれた「こけら経」 83
28 大乗院の将棋の駒の木簡 86

V 木簡を深読みする …… 89

29 ブランドワカメは昔も今も 90
30 韓国アワビに聖武の思い 93
31 文字の形は時代を語る 96
32 役人と薪の意外な関係 99
33 古代米は赤米? 102
34 記されなかった年代を探る 105
35 都の外の荷札は何を語るか 108

VI 木簡からみえる古代人の日常 …… 111

36 薬の荷札やラベルが語るもの 112

37 失われた大宝令を解き明かす 115
38 ずる休みの言いわけも木簡で 118
39 書きぶりににじむ役人たちの素顔 121
40 お願いの手紙の書き方――下級役人の教養 124
41 出部さん、真慕さんって誰？――珍しいウジ名 127
42 平城宮の仏事を垣間見る 130

VII 木簡を未来に伝えるために……133

43 水替えの夏、出会いの夏？ 134
44 保存と活用の間で――実物をお目にかけたい 137
45 赤外線は万能か？ 140
46 木簡と年輪年代学の出会い 143
47 年輪で木簡を読み解くために 146
48 木簡をつなぐ木目のバーコード 149
49 年輪から木材の産地に迫る 152

おわりに　彼らが生きた証として　155
参考文献　158
あとがき　159
執筆者紹介　162

本書掲載の写真は、とくに断りのあるものを除いて、すべて奈良文化財研究所の提供による。

I 木簡とはなにか?

1　地中の文字は何を語るか

歴史を組み立てるための素材を資料と呼びます。それは歴史書や古文書《こもんじょ》ばかりではありません。文学作品も立派な資料となりますし、文字資料(=史料)ではない絵や、物自体も大事な資料です。さらには形のないもの、たとえば伝承やまつり、あるいは民俗芸能などにも歴史を考える素材がたくさん眠っています。

また、資料は伝わり方もさまざまです。形のあるもの、ないもの、形がある場合でもけっして大事に保管されてきたものとは限りません。不要になってゴミとして捨てられた物が発掘調査によって見つかる場合があります。土の中に埋もれていた生活の残滓《ざんし》(遺物)や土に刻まれて残った生活の痕跡(遺構)を考古資料と呼びます。

考古資料にも文字が残る場合があります。さまざまな物に文字は確認できますが、その代表選手が木に記された文字です。もっとも多く用いられたのは紙でしょうが、紙は普通地中の水分で腐ってしまいます。これに対し木は、不思議なことに千年以上も残ることがあります。もちろん腐蝕《ふしょく》は進行していますが、豊富な水分が逆に形を留める役割も果たすのです。

こうして地中から見つかる文字が書かれた木片が「木簡」です。文字のある木片が地中から見つかる場合があることは、すでに江戸時代から知られていました。しかし、文字を記すために木

（裏）　（表）　（裏）　（表）　（裏）　（表）

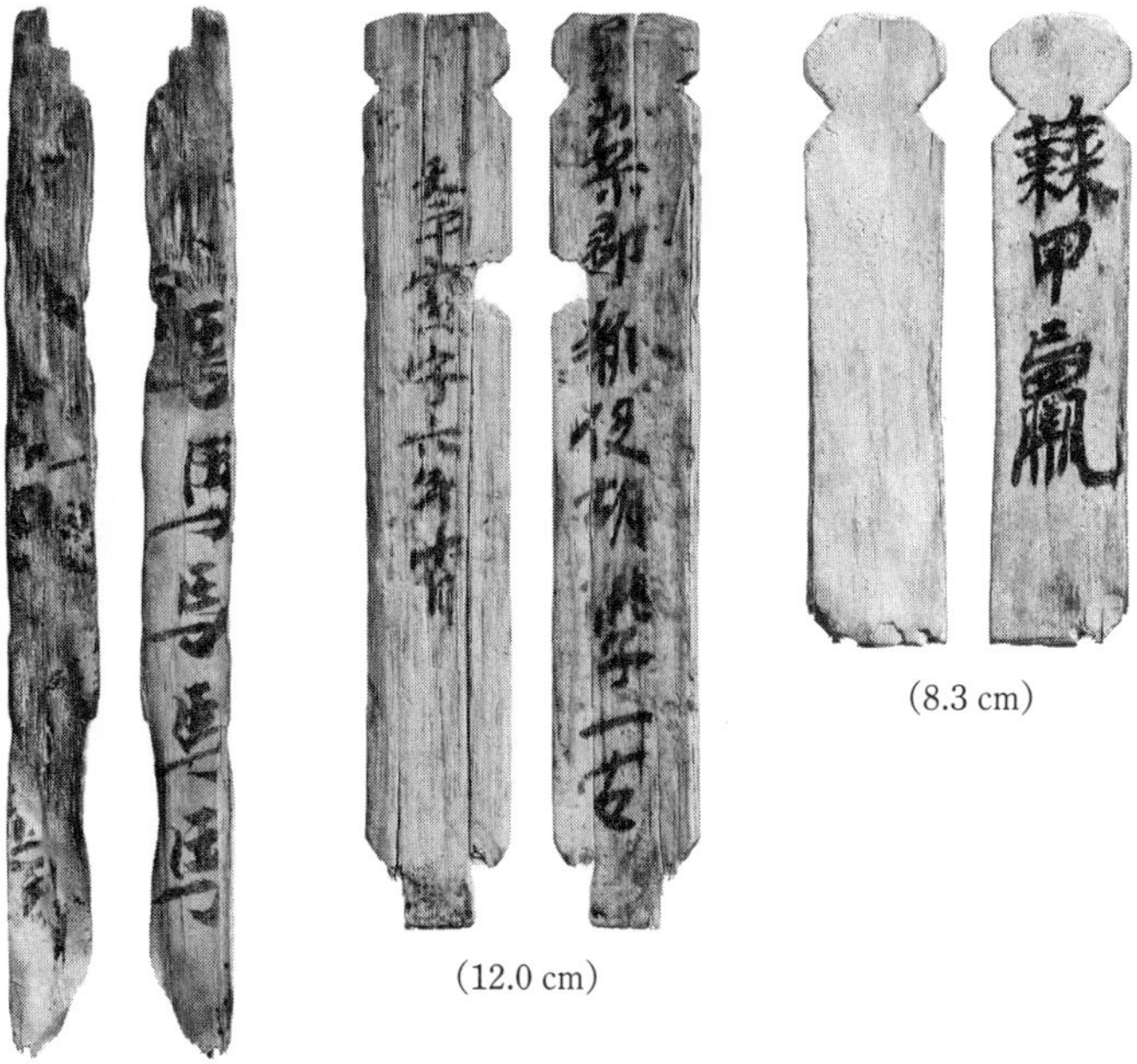

（14.1 cm）　（12.0 cm）　（8.3 cm）

1961年に平城宮跡で見つかり国宝になった木簡の一部
㊨ 蕀甲羸（ウニ）の付札
㊥ 甲斐国からのクルミの荷札
㊧「馬」の字を練習した木簡

片を用い、それに基づき行政を運営していたことが明らかになったのは、一九六一（昭和三六）年に平城宮跡で最初の木簡が発見されてからです。

とくに資料の限られた日本古代を考えるのに、木簡が大きな役割を果たすことがわかるまでに、それほどの時間はかかりませんでした。

木簡はもともとゴミですから、一つひとつのもつ情報はけっして多くありません。木簡が得意とするのは、歴史書や古文書には書かれない、日常業務や生活に密着した事柄です。そして、その蓄積が歴史を書き換える情報に結び付くことがあります。

また、既存の資料との連携によっては、そこに文字としては書かれていなかった重要な情報が、たった一点の木簡からもたらされることさえあるのです。

木簡からどんな情報を引き出し、何を語らせるか。それは木簡を発掘し、整理し、解読し、保管する私たち、調査者の手に委ねられています。歴史を組み立てるための情報を提供することが私たちの責務です。

木簡は万華鏡の中でさまざまに輝く光の粒のようなもの。本書では、その一端をアトランダムにご紹介しながら、読者のみなさんと一緒に、木簡を書いた人びとに思いをはせ、ひいては日本の歴史のひとコマをのぞいてみたいと思います。

（渡辺晃宏）

2　樹種、書風、形——多彩な荷札

さまざまな形の木簡の中から、特徴的なものを一つ選べと言われたら、多くの人は左右に切り込みの入った形を選ぶのではないでしょうか。

木簡に切り込みを入れるのは、そこに紐《ひも》をかけ、何かに括《くく》り付けて使うためです。税として納める物品に括り付ける場合、その木簡を「荷札《にふだ》」と呼びます。

税は全国各地から都へ納められ、それにともなって荷札も都へともたらされます。飛鳥・藤原京や平城京の跡からは、多数の荷札が見つかっており、北は陸奥《むつ》から南は薩摩《さつま》まで、数カ国を除くすべての国名が確認できます。

文献が少なく、その内容も都のできごとが中心である古代において、荷札は地方の情報を伝えてくれるたいへん貴重な史料です。

たとえば荷札には、物品名やその数量、納税者の住所(クニ・コホリ・サト)と名前などが書かれています。物品名からは各地の特産品が知られ、納税者の住所からは古代の地名とその変遷を、名前からは各地の氏族の分布を復元することができます。

書式や書風・形態を子細に検討すれば、地方支配のあり方の一端も見えてきます。

荷札作成の中心となり、徴税の要となっていたのはコホリ(概《おおむ》ね今の市町村レベル)だというのが、

(12.4 cm)

(5.5 cm)

(14.3 cm)

㊨ 近江国からの米の荷札．個性的な文字を書いている．
㊥ 同じく近江国からの生蘇の荷札．とても小さい．
㊧ 豊後国からの綿(真綿)の荷札．広葉樹に端正な文字を書いている．

現在の有力な理解でしょう。

また、全国の荷札を通覧すると、地域による傾向が浮かんできます。顕著なのは荷札に使われた木の種類。大半はヒノキやその仲間ですが、山陰地方や北陸地方の荷札は、スギが多くを占め、地域の植生を反映していると考えられています。大宰府《だざいふ》で作成した荷札は、広葉樹を用いており、美しい楷書《かいしょ》を書くために墨がにじみにくい材を選んでいるとの指摘があります。

書風も地域によって異なります。私たちの間で読みづらいとよく言われるのが、近江《おうみ》・播磨《はりま》・讃岐《さぬき》の荷札。文字が下手という意味ではなく、逆に文字に習熟しているがゆえにクセが強いという印象を受けます。

荷札のサイズは、おおよそ荷物の大きさに対応するようで、細長い熨斗《のし》アワビの荷札には、長さ三〇センチ以上のものが多数あります。高級乳製品である蘇《そ》の荷札は、いずれも長さ五―六センチ程度と小型で、少量ずつの貢納《こうのう》であったことの反映とみられます。

それまでの定説に修正を迫ったこともあります。奈良時代初頭、地方の行政組織が「国―郡―里」の三段階から「国―郡―郷―里」の四段階へと変更されました。その時期は、文献資料から霊亀《れいき》元(七一五)年と考えられていましたが、荷札にどちらで書かれているか調べたところ、変更の時期は霊亀三(七一七)年であることが判明したのです。地方の実態を示す荷札の、まさに面目躍如と言えるでしょう。

（桑田訓也）

3 花かつおか笹の葉か

よく「昔は紙が貴重だったから、代わりに木に文字を記した」との説を耳にします。が、実はこれ、正確な解説とは言えません。古代の人びとは、木と紙と双方の特性を熟知し、両者を使い分けていたのです。

木の特質のひとつに、紙よりはるかに厚みがある点が挙げられます。木簡は、表面を刀子《とうす》(小刀)で削り取れば、厚みの許すかぎり何度でも書き直せます。ですからたとえば、加齢や異動などに伴う書き換えが前提となる人事データの管理には、紙より木簡の方が適しています。

こうした書き換えや修正に際して削り取られた鉋屑《かんなくず》状の木っ端《こっぱ》を、私たちは「削屑《けずりくず》」と呼んでいます。薄っぺらで扱いにくい代物ですが、元の文字が残っていれば、立派な木簡として認められます。奈文研で保管する三十数万点を超える木簡のうち、八〇パーセント以上が削屑とみられます。平城宮・京跡で初めて一万点を超える大規模木簡群となった式部省《しきぶしょう》木簡も、その主体は削屑でした。ちなみに、式部省は役人たちの人事を掌《つかさど》る役所です。

削屑は、せいぜい数文字が読み取れる小さな断片が大半ですが、中には三〇センチを超える長大なものも。時には表裏両面に文字が認められる珍品もあり、貴重な史料として侮《あなど》れません。

この削屑、しばしばかつお節《ぶし》に例えられます。ですが、本来「かつお節」は削る前の塊《かたまり》の状態

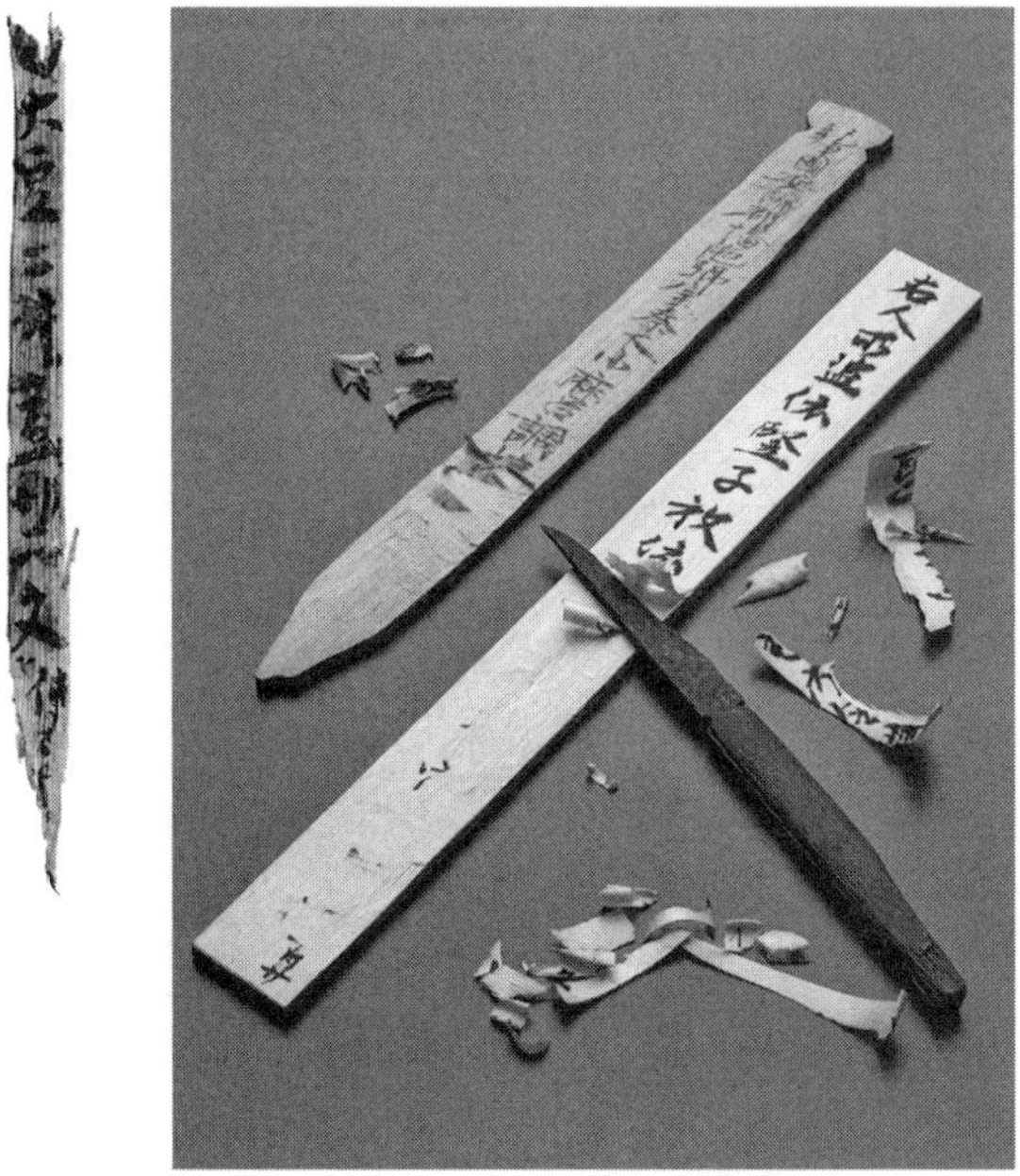

㊨ 木簡を刀子で削ると，削屑に表面の文字が残る．
㊧ 最初に出土した削屑のひとつで，「笹の葉」と報道されたもの．

を指す語で、削屑の比喩としてあまり適切ではありません。削ったかつお節は一般に「削り節」と呼ばれます。ただ、「削屑は削り節のような」では、似ているのも当たり前のようで、どうもしっくり来ません……。

そこで私は、削屑の例えに「花かつお」という語を用いています。花かつおは削り節とほぼ同じ意味の言葉で、今では主に関西地方で使われている模様。いつも「クズ」なんて呼ばれてちょっと可哀想な削屑たちに、少しでも「花」を持たせてあげたくて、好んで使っているわけです。

削屑はとても脆弱《ぜいじゃく》なため、奈文研では削屑が捨てられたゴミ穴などが見つかると、中の土ごと持ち帰り、屋内で慎重に洗浄しながら取り上げています。

一方、このような手法が確立する前、平城宮跡で最初に見つかった土坑《どこう》SK二一九出土木簡(本書Ⅱ-8参照)の中にも、実は削屑が含まれていました(九頁写真㊧)。発見は、最初の木簡出土の三日後にあたる一九六一(昭和三六)年一月二七日。泥まみれの現場でも削屑を見逃さず、しっかりと拾い上げた当時の調査員たち——その慧眼《けいがん》に、脱帽です。

ところで、この最初の削屑、当初は「笹の葉に文字が記されたもの」と新聞報道されたそうです。書いては削り、削ってはまた記す、古代人の木簡活用術が十分に認知されていなかった、研究の黎明期《れいめいき》ならではのエピソードと言えるでしょう。

(山本祥隆)

4　木簡使用のはじまり

飛鳥時代の歴史は、『日本書紀』などの限られた史料をもとに解明されてきました。ところが、郡評論争《ぐんぴょう》（本書Ⅱ-11参照）にみられるように、史料の記述は必ずしもありのままの歴史を伝えているとは限りません。その点、一三〇〇年以上も前に棄てられて地中から出土する木簡は、改竄《かいざん》されることはほぼないため、とりわけ史料の少ない時代の歴史研究にとって、重要な役割を果たしてくれます。

現在知られる限り、日本の木簡は、六三〇年代から六四〇年代頃に登場しました。年代を記した最古の木簡は、大阪市の難波宮《なにわのみや》跡から出土した「戊申《ぼしん》年」（六四八年）のものです。

これよりも古い、日本最古級となる木簡が、奈良県桜井市の山田《やまだ》寺《でら》跡の下層から出土していま す。残された文献によって、山田寺の敷地の造成は六四一年に始まったことが知られ、造成土の下から見つかった木簡は、それ以前のものと言えます。初期の山田寺木簡は、文字の練習をした木簡（習書《しゅうしょ》木簡）を削ってできた削屑が多く、そこには、なかなか達筆な文字が記されています。

遺跡の年代から、ほぼ同じ時期のものとみられる木簡は、飛鳥の周辺では、上之《うえの》宮《みや》遺跡（桜井市）の削屑や、坂田《さかた》寺《でら》跡（奈良県明日香《あすか》村）の「十斤」と記した付札《つけふだ》があり、ほかに大阪市の桑津《くわづ》遺跡の呪符《じゅふ》や、兵庫県芦屋《あしや》市の三条九ノ坪《さんじょうくつぼ》遺跡《つぼ》の「壬子《じんし》年」（六五二年）と記した木簡などが知られて

(20.2 cm)

㊨ 年代を記した最古の木簡．大阪市の難波宮跡出土で，「戊申年」などの文字があった(大阪府指定文化財．大阪府教育委員会所蔵)．〈写真提供＝公益財団法人大阪府文化財センター〉

㊧ 奈良県桜井市の山田寺跡の下層から出土した木簡の削屑．「城」の文字を練習したことがわかる．

います。

出現期とも言える六五〇年代までの木簡は現在のところ数十点ほどで、やや時代の降《くだ》る六六〇年代までのものを含めても、日本における木簡黎明期の木簡は、年代のはっきりしないものを除くと、一〇〇点程度しか出土していないのではないかと思います。

ただ、数は少ないとはいえ、黎明期木簡は、記録、習書、呪符、付札だけではなく、記録や習書の削屑がみえるなど、すでにさまざまな内容や形のものが含まれていることが注目されます。

『日本書紀』によると、六世紀後半頃、吉備《きび》(現在の岡山県)の児島《こじま》に設置したヤマト国家の支配拠点では、田を耕作する人びとを「籍」によって管理していたと伝えます。「籍」は古来「フミタ」と読まれており、これは「フミイタ」の変化したもので、文字を記した板を意味しています。

そうであるならば、日本における木簡の使用は、さらに数十年さかのぼることになり、今後、その発見が期待されます。

こうした木簡使用の「前史」をふまえれば、七世紀半ば頃までに、すでに多様な木簡が登場していることや、木簡を削って何度も使うという技術がみとめられることも、理解しやすいのではないでしょうか。

(山本　崇)

5 木簡の世紀の幕開け

六七〇年代、天武《てんむ》天皇の時代になると、木簡の状況は一変します。現在のところ、それ以前のものはわずか一〇〇点程度しか確認されていないにもかかわらず、この時期の木簡は数千点の単位に及びます。

さらに藤原宮の時代、七世紀末から八世紀初頭までには、木簡は、都のあった奈良県橿原《かしはら》市の藤原宮跡や畿内《きない》の周辺だけではなく、北は仙台から南は九州までの遺跡から出土しており、その点数は、三万点をはるかに超えているといわれています。

そこで、天武天皇の時代に、なぜ木簡が爆発的に増加するのか、その背景を考えてみましょう。七世紀の年を記した木簡は、乙亥《いつがい》年（天武天皇四〈六七五〉年）以降のものが、ほぼ連続して出土しており、この時代に木簡が増加する様子をみてとることができます。

新たに増え始める木簡の内実は、諸国からの荷札と役所で用いられた文書でした。天武天皇から持統《じとう》天皇の時代にかけて、国―評―五十戸（のちに里）という地方行政組織の枠組みが整えられていきました。

荷札は、特産品などを貢ぎ物として都へ送ったり、都での労働に従事するため徴発された人びとの生活費を地元から送ったりするとき、その荷物に付けられました。都への荷物が増えるとと

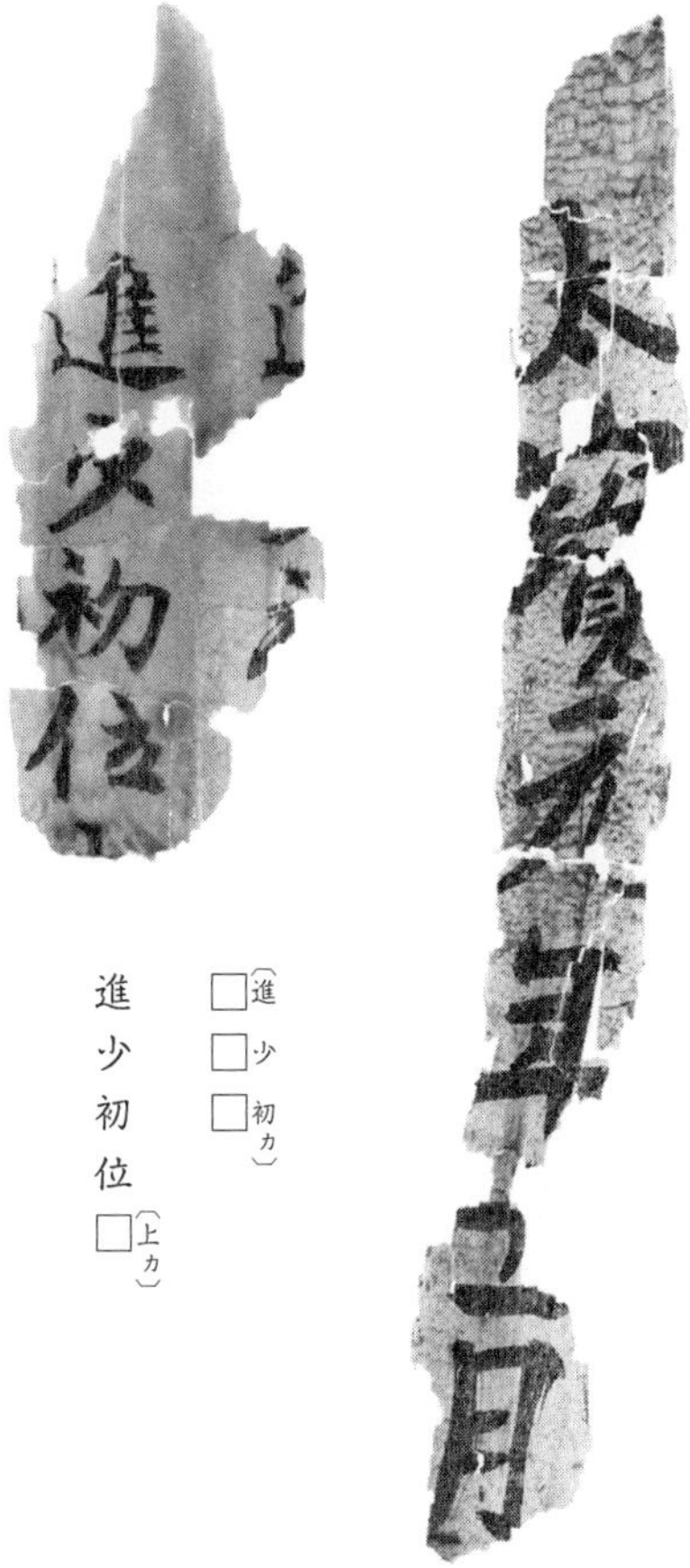

太寶元年十一月

□〔進〕□〔少〕□〔初カ〕

進少初位□〔上カ〕

701–702(大宝 1-2)年頃の削屑

もに、荷物に付けられた荷札もまた増えていくことは、想像に難くありません。

地方との関係が密になるとともに、役人の仕事は、量も増え、また複雑になっていきます。役人が命令を伝えたり、報告したり、事務連絡をしたりする場合、文書が用いられるようになります。米などの支給、日々のできごと、さらには重要な命令の内容など、さまざまな記録も作成されました。

はるかに時代の降る平安時代の初めに、天武天皇四年の命令を先例として参照したことが知られています。遅くともこの頃には、重要な命令が記録として保存されていたことは間違いありません。

それだけではありません。大量に作成された記録が不要になったとき、木に書かれたものは、その特性を活かして古い記述を削り取り、新しい木簡へと作り替えられることもありました。この過程で、大量の削屑が出現します。

削屑の点数は、古代木簡全体の八割以上を占めていますが、私の調べた限りでは、その出土点数は藤原宮の時代までで三万五〇〇〇点、さらに奈良時代のものは二二万点を超えています。この時代に始まる木簡の爆発的増加は、実は削屑の増加によるものと言えるのです。

木簡は、天武天皇の時代に本格的に開花し、「木簡の世紀」、奈良時代を迎えることになります。木簡の増加は、文書、荷札、削屑の増加によるもので、まさに律令制度の導入と歩みをともにするものと言えます。


（山本　崇）

6 『日本霊異記』にみえる木簡

奈良時代の人びとは、木簡をどのように使っていたのか。実際の姿がわかる史料はそう多くありません。

奈良・薬師寺《やくしじ》の僧景戒《きょうかい》(「けいかい」とも)が、平安時代のごく初め頃に編纂した『日本霊異記《にほんりょういき》』という仏教説話集には、当時の民衆生活の一端があざやかに描かれており、このなかに、いわゆる「木簡」が登場します。

一つめは、国司《こくし》からの呼び出しの使いである兵士が携えていた四尺《しゃく》(約一二〇センチ)の「札」。二つめは、大安寺《だいあんじ》の銭に付けられていた「短籍《たんじゃく》」。三つめは、景戒自身の夢にあらわれた板で、長さ二丈ばかり(約六メートル)、広さ(幅)一尺(約三〇センチ)ほどもある大きなものでした。

これらの「木簡」をみてみましょう。もっともわかりやすいものは、二つめに示した「短籍」です。銭の付札なのでしょう。

一つめの四尺の「札」は、相当大きなものですから、携えて歩くのもなかなか大変だったと思われます。注目すべきは、国司に呼び出された男は、召文《めしぶみ》の内容を読むこともなく、すぐさま呼び出しに応じていることです。必ずしも文字を読み書きできなかったであろう奈良時代の人びとは、大きな札そのものに支配者の権威を感じたのかもしれません。

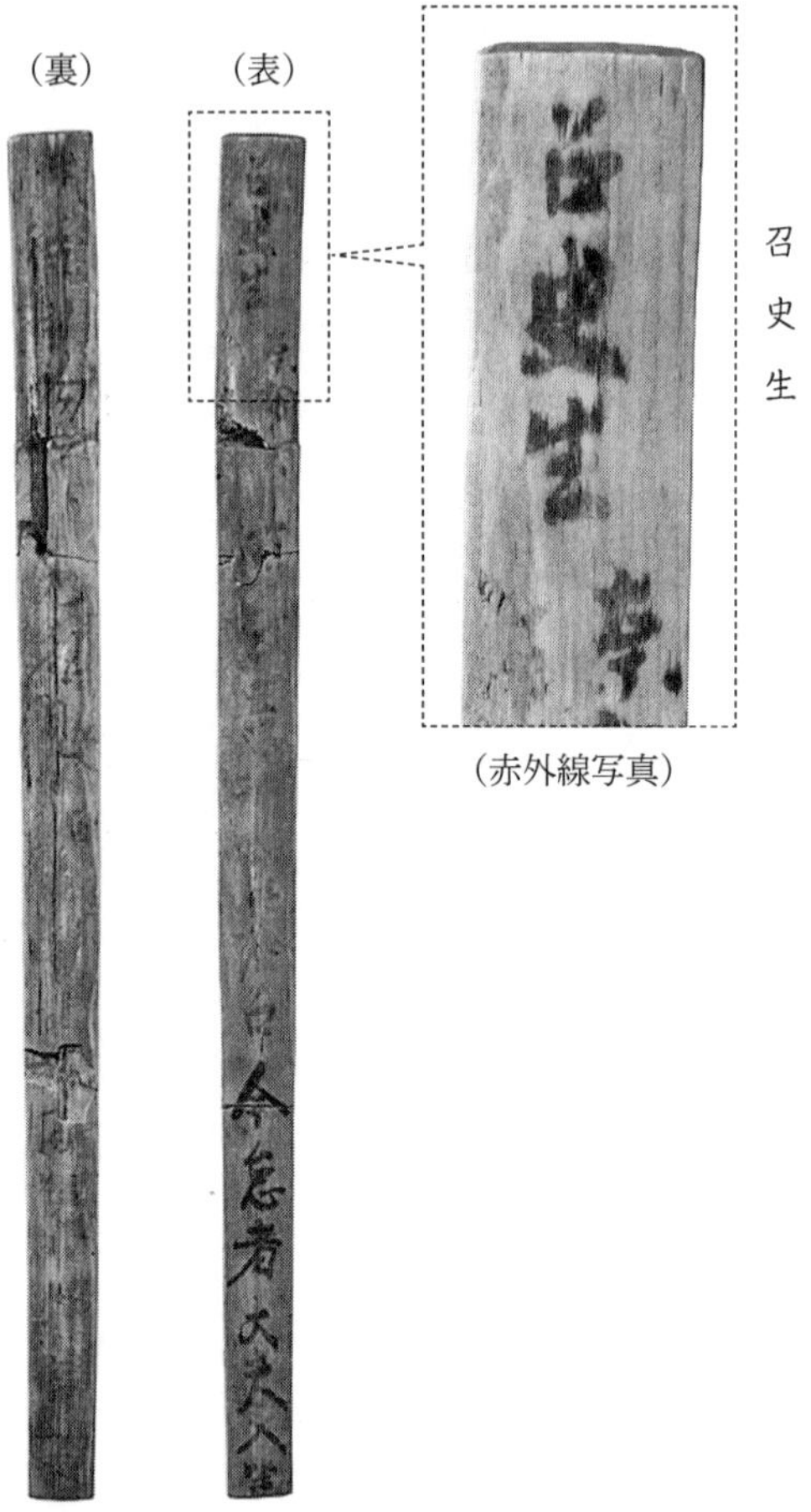

香住ヱノ田遺跡（兵庫県豊岡市）で出土した召文の木簡
〈写真提供＝豊岡市立歴史博物館〉

三つめの大きな板は少しイメージしづらいかもしれません。この板は、夢のなかで景戒のもとにあらわれた修行者が持ってきたもので、札には、景戒自身の先の世での行いの善悪が書きつけられていました。また、もっともよい行いをした者は、釈迦《しゃか》の背丈をさらに一尺（約三〇センチ）超える一丈七尺（約五メートル）の身長が得られるともいい、板には背丈を示す印がつけられていました。残念ながら、景戒は、前世で高い善を積まなかったために、身長が五尺（約一・五メートル）に満たないと、自ら嘆いています。五メートルを超える身長という設定は、荒唐無稽なところですが、行いを書きつけた札は、立派な「木簡」と言えます。

このように、『日本霊異記』には、長大な召文、物品の付札、何らかの記録を書いた大型の板が登場し、これらが人びとの生活に密着した「木簡」でした。

これに対し、古代遺跡から出土した木簡をみてみると、郡司《ぐんじ》からの呼び出し状には、五〇―六〇センチもある大型の木簡が使われていることがあります。『日本霊異記』にみえる召文の半分ほどの長さです。銭に限らずさまざまな品物の付札は、よく知られています。一メートルもある大きな板に、物品の出し入れを始めとした記録を記した木簡も各地から出土しています。大きさの表現に誇張はあるとはいえ、説話の記述と出土した木簡は、みごとに対応しているのです。

ところが、荷札は、『日本霊異記』には登場しません。荷札は、各地の郡や郷で一括して付け、都へ送られたため、人びとには縁遠いものだったのかもしれません。

（山本　崇）

7 平安時代に消える荷札と削屑

奈良時代史に多くの発見をもたらした木簡は、平安京の時代にいたり、急速にその数を減らすことになります。現在までの出土点数は、平城京遷都《せんと》以前の和銅《わどう》初年までの木簡が四万五〇〇〇点余り、奈良時代木簡が二六万点余り、長岡京の時代にも九八〇〇点以上確認されているのに対して、平安時代木簡は四〇〇〇―五〇〇〇点ではないかと思います。あまり意味のある数字ではありませんが、一年あたりの点数は、それぞれ、六四三、三五一四、九八〇、一二となり、平安時代木簡の激減ぶりには驚かされます。

平安時代の木簡は、なぜあまり出土しないのでしょうか。その謎を解く手がかりは、木簡出現期の特徴にあるように思います。古代木簡の八割は削屑で、二五万六〇〇〇点を超えます。そして、その増加は、天武天皇の時代の後半、六八〇年代頃に始まります(本書I-5参照)。古い段階の木簡は、付札や帳簿が中心であったのに対し、律令制の導入と歩みをともにして荷札や文書が増え、そしておもに文書から生じる削屑が多くの割合を占めるようになります。

ところが、平安時代になると、荷札と削屑は退場します。平安時代の木簡を集成した結果をふまえて、遺物が語る「事実」を以下に列挙してみます。諸国からの貢納物の荷札のうち、年紀を記したものは、現在のところ延暦《えんりゃく》一六(七九七)年のものを最後に見つかっていません。それだけ

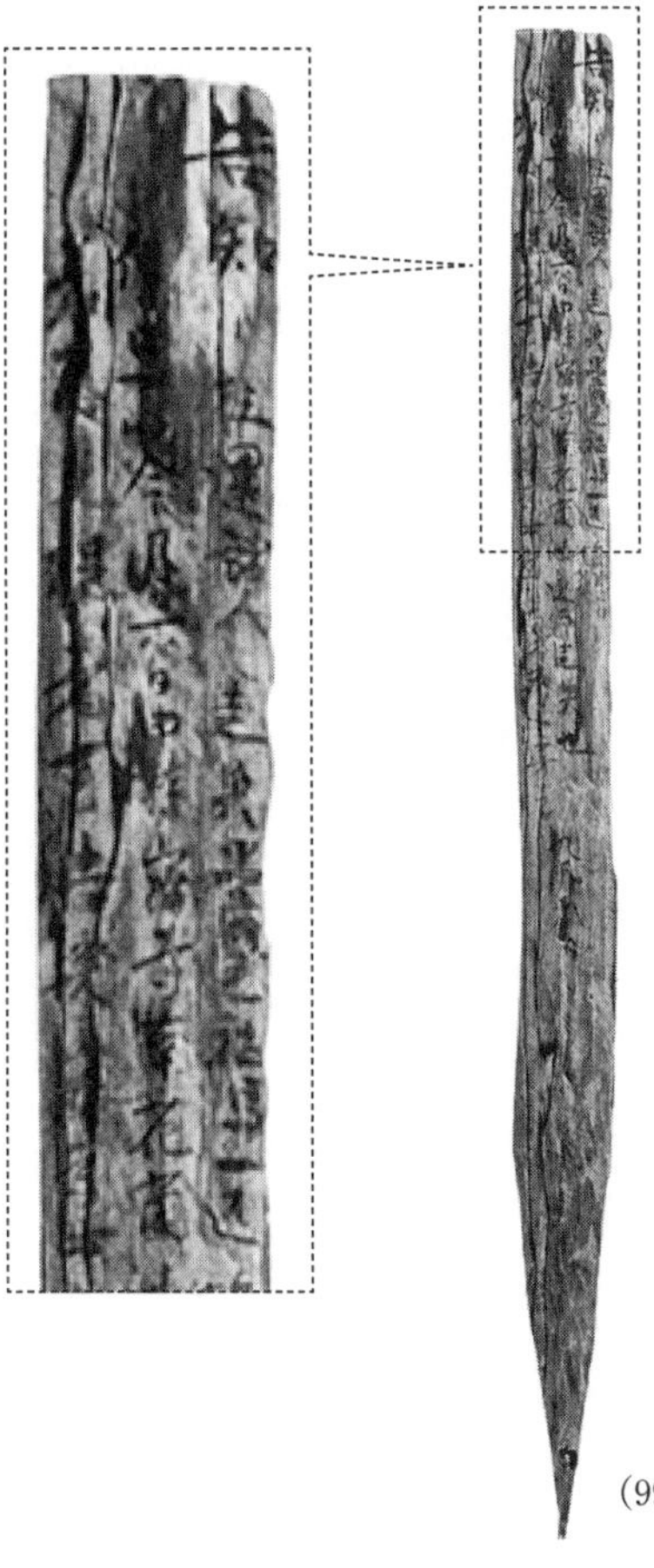

(99.3 cm)

㊨ 逃げた馬を捜すための告知札．820 年頃，大和から山城へぬける幹線道路沿いに立てられた．
㊧ 告知札のアップ．「告知　往還諸人走失黒鹿毛牡馬一匹……」とあり，黒鹿毛など逃げた馬の特徴のほか，持ち主の連絡先が記されている．

ではなく、延暦一〇年代以降の荷札は、地方の役所や寺院跡などで出土したものが多く、平安京ではほとんど見つかっていないのです。

また、平安時代の削屑は、栃木県の下野国府跡《しもつけこくふ》で一〇〇〇点以上出土していますが、このほかの遺跡では数十から数百点にとどまっています。文書木簡そのものも減少する傾向にあり、告知札など掲示を目的とした大型のものが目立ちます。大型の木簡がほぼそのまま棄てられているように、削り直して再利用することも少なくなっているようです。

このように、平安時代に木簡が減っていく現象そのものは指摘できるのですが、その要因を解明できないでいます。書写の媒体が、木簡から紙の文書へと変化しているという一般論はもちろん大きな要素として認められますが、やや簡略とはいえ奈良時代の木簡に近い長岡京の段階から、平安京への遷都を境として、あまりにも劇的に変化することは大変気がかりです。

妙案はないのですが、その背景に何らかの政策の変化を考えておく必要もあるかもしれません。あるいは、藤原京、平城京や長岡京は、廃絶した後に多くが田畠《たはた》に埋もれ、結果的に地下に木簡が長く保存される環境となったのに対し、平安京は、千年の都として栄え、人びとが生活し続ける都市として機能し続けてきたことも、もしかしたら木簡の出土点数に影響を与えているのかもしれません。

（山本　崇）

II 木簡の発見！ 歴史の発見！

8　木簡の重要性を決定づけた発見

平城宮跡で最初に見つかった木簡たちと、彼らにまつわるエピソードをお話ししましょう。

一九六一(昭和三六)年一月二四日。小雪が舞い散る寒空のもと、奈良国立文化財研究所(現在の奈良文化財研究所)の第五次調査が進められていました。

午後二時頃、真冬の現場を切り裂き、ひときわ大きな声が響き渡ります。

琢《タク》サン!!

何《ナン》カ字《ジ》ィ書《カ》イタルデー

平城宮跡最初の木簡が、産声《うぶごえ》を上げた瞬間です。

声の主は寺田崇憲氏(当時奈文研技術補佐員)、「琢《タク》サン」は現場担当者の田中琢《みがく》氏。この田中氏、のちには奈文研所長まで務められる大御所ですが、当時はまだ二〇代の若き調査員でした。

発掘現場は復元された第一次大極殿《だいごくでん》のすぐ北側にあり、現在は大膳職《だいぜんしき》(役人用の給食の調理などを担当する役所)と推定されている地区にあたります。木簡は、のちに「SK二一九」と名付けられるゴミ捨て穴(土坑)から出土。この土坑の掘削は二月一日に完了し、最終的に約四〇点の木簡が見つかりました。

この中には、「一号木簡」または「寺請《てらこう》木簡」と通称される木簡も含まれます(写真㊧)。「寺

（裏） （表）

（25.9 cm）

㊨ 土坑 SK219 の発掘風景，1961 年，平城宮跡．
㊧「寺請木簡」．表上部に「寺請」，裏中央あたりに「竹波命婦」の文字がはっきりと残る．

請」と書き出し、某寺が小豆など四種の食材を請求する内容です。ただし、請求元は「寺」としか書かれていません。

木簡出土の報を得て以来、毎日のように現場に足を運んでいたという古代史家の岸俊男《きしとしお》氏（当時京都大学助教授）は、この木簡について、見事な解釈を提示されます。

すなわち、一緒に見つかった木簡のなかに天平宝字《てんぴょうほうじ》六（七六二）年の年紀をもつ荷札があることや、裏面に見える「竹波命婦《つくばのみょうぶ》」が孝謙太上天皇《こうけんだいじょうてんのう》の側近の女官とみられることなどから、「寺」は法華寺《ほっけじ》（奈良市）を指し、淳仁《じゅんにん》天皇（および藤原仲麻呂《ふじわらのなかまろ》）との対立により平城宮ではなく法華寺に居を構えていた孝謙太上天皇のための食料を請求した文書、とみるのです。この見解は、現在も通説の地位を保持しています。

奈良時代後半の政治史のひとコマを生々しく語る寺請木簡は、古代史研究における木簡の重要性を強く認識させることとなり、のちに編まれた報告書では番号「一」として先頭に配されました。一号木簡と称されるゆえんです。

ところで、発掘調査は無事終了したものの、折しも季節は春に向かい、気温は日に日に高くなります。脆弱な木簡たちは、果たして、これから襲い来る夏場の猛暑に耐えられるだろうか――調査員たちは不安を募らせます。

そこで、この木簡たちの保管のために、奈文研は初めて電気冷蔵庫を購入しました。白黒テレビ、電気洗濯機、そして冷蔵庫が、三種の神器と呼ばれた時代のお話です。

（山本祥隆）

9　ゴミ捨て穴が「標本棚」に

前節でお話ししたとおり、平城宮跡で初めて木簡が見つかったのは、一九六一（昭和三六）年のことでした。その後、同年の奈良国立文化財研究所の第七次調査でも、井戸SE三一一から二点の木簡が出土しています。

が、これにつづく発見は、それまでとは比べようもない大出土となったのです。一九六三年八月。記録的な猛暑のなか、平城宮東半の北端近く、現在は「内裏北外郭官衙《だいりきたがいかくかんが》」と呼ばれる地区で、第一三次調査が行われていました。最初の木簡が小雪の舞うなかで掘り出されたのに対し、この現場は灼熱の炎天下で進められました。屋外での発掘調査の辛苦を、端的に示すコントラストです。

ここで、やや奇妙な土坑《どこう》が検出されます。平面形は一辺約四メートル、井戸と見紛《みまが》うほど整った方形でしたが、掘り下げてみると、検出面からの深さが一・五メートルを超えたあたりから、土器や瓦《かわら》、曲物《まげもの》や檜扇《ひおうぎ》などの木製品、植物の種まで、多種多様な遺物がたくさん出てきました。雑多なゴミを一時に廃棄し埋め立てた、ゴミ捨て穴だったのです。

のちにSK八二〇と名付けられるこの土坑からは、木簡も多く見つかりました。その数、なんと約一八〇〇点‼　平城宮跡出土木簡の総数は三桁を飛び越え、一気に四桁に突入してしまった

(16.8 cm)

(15.2 cm)

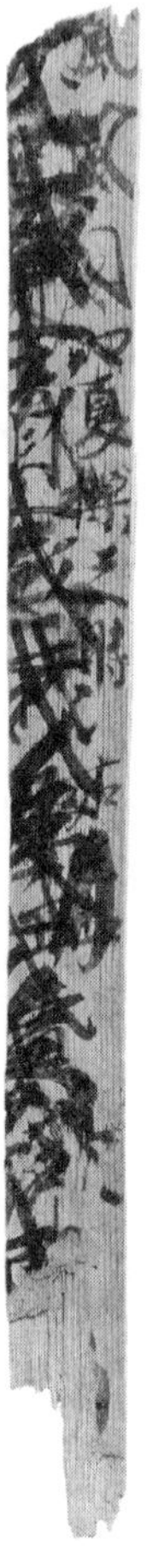

(22.5 cm)

㊨ 天皇か，それに準じる貴人の宮殿とみられる「西宮」に関わる事柄が記された文書木簡．

㊥ 衣入れの櫃《ひつ》の付札木簡．緑色の衣が入っている，と記されている．

㊧ 一部重ね書きしながら繰り返して文字を練習した習書木簡．

ことになります。とても冷蔵庫には収納しきれない規模です。

ですが、今から振り返れば、研究の黎明期《れいめい》に土坑ＳＫ八二〇出土木簡にめぐり会えたのは、実は幸運だったようにも感じます。

一つめは、その点数。当時の人びとにとって、一八〇〇点もの木簡の出土は、まさに空前の事態。調査員たちは大いに戸惑い、頭を悩ませたことでしょう。

しかし、その後につづく式部省《しきぶしょう》木簡の一万三〇〇〇点、長屋《ながや》王家《おうけ》木簡の三万五〇〇〇点、二条《にじょう》大路《おおじ》木簡の七万四〇〇〇点などを念頭に置くならば、苦労を重ねながら調査や保管のノウハウを構築するのにはちょうどよい規模だったようにも思われるのです。

二つめは、その内容。土坑ＳＫ八二〇出土木簡を見渡せば、さまざまな種類の木簡が、バランスよく含まれていることがわかります。他者との通信や記録に用いられる文書《もんじょ》、物品の管理や送付に欠かせない付札《つけふだ》、文字の練習などを行った習書《しゅうしょ》。これらの用法は古代木簡の三本柱とも言えますが、土坑ＳＫ八二〇出土木簡には、その三種ともがあり、それぞれのヴァリエーションも多彩です。

木簡は、その形状などに基づき、一八種類ある型式番号のいずれかが与えられます。この型式分類も、その基礎は土坑ＳＫ八二〇出土木簡の分析から案出されたものなのです。

現在に通じる日本古代木簡学の礎《いしずえ》を築いた土坑ＳＫ八二〇出土木簡。時に「荷札《にふだ》のデパート」と呼ばれ、または「木簡の標本棚」とも称される、かけがえのない資料群です。

（山本祥隆）

10 明治や戦前に見つかったもの——木簡研究前史

一九六一(昭和三六)年に平城宮跡から出土した「寺請《てらこう》」などの木簡は、古代史学界に大きな衝撃をあたえ、その後の日本古代史研究のスタイルを大きく変えていくことになります。木簡なしには古代史研究はできない、とさえ言われました。

ただ、木簡は、それ以前、戦前からすでに知られていました。本節では、「木簡研究前史」として、一九六一年より前に出土していた木簡について紹介しましょう。

日本で最初に出土した古代木簡は、三重県桑名《くわな》市の柚井《ゆい》遺跡で見つかった「桜樹郷《さくらぎごう》」と記された、もみの付札《つけふだ》です。一九二八(昭和三)年のことでした。

その二年後には、秋田県大仙《だいせん》市・美郷町《みさとちょう》にある城柵《じょうさく》遺跡、払田柵《ほったのさく》跡で二点の木簡が見つかりました。

秋田は、木簡研究前史にとって最重要地域と言えます。いずれも木簡の現物は失われてスケッチが残るのみですが、一九一四、一五(大正三、四)年頃には大仙市の怒《いかり》遺跡から、それ以前の江戸時代にも、小勝田《おがた》(北秋田市脇神)の地中に埋もれていた家屋から見つかったという木簡が紹介されています。

近年、一九〇二(明治三五)年に掘り出された材木に刻まれた、文字の拓本《たくほん》も紹介されました。

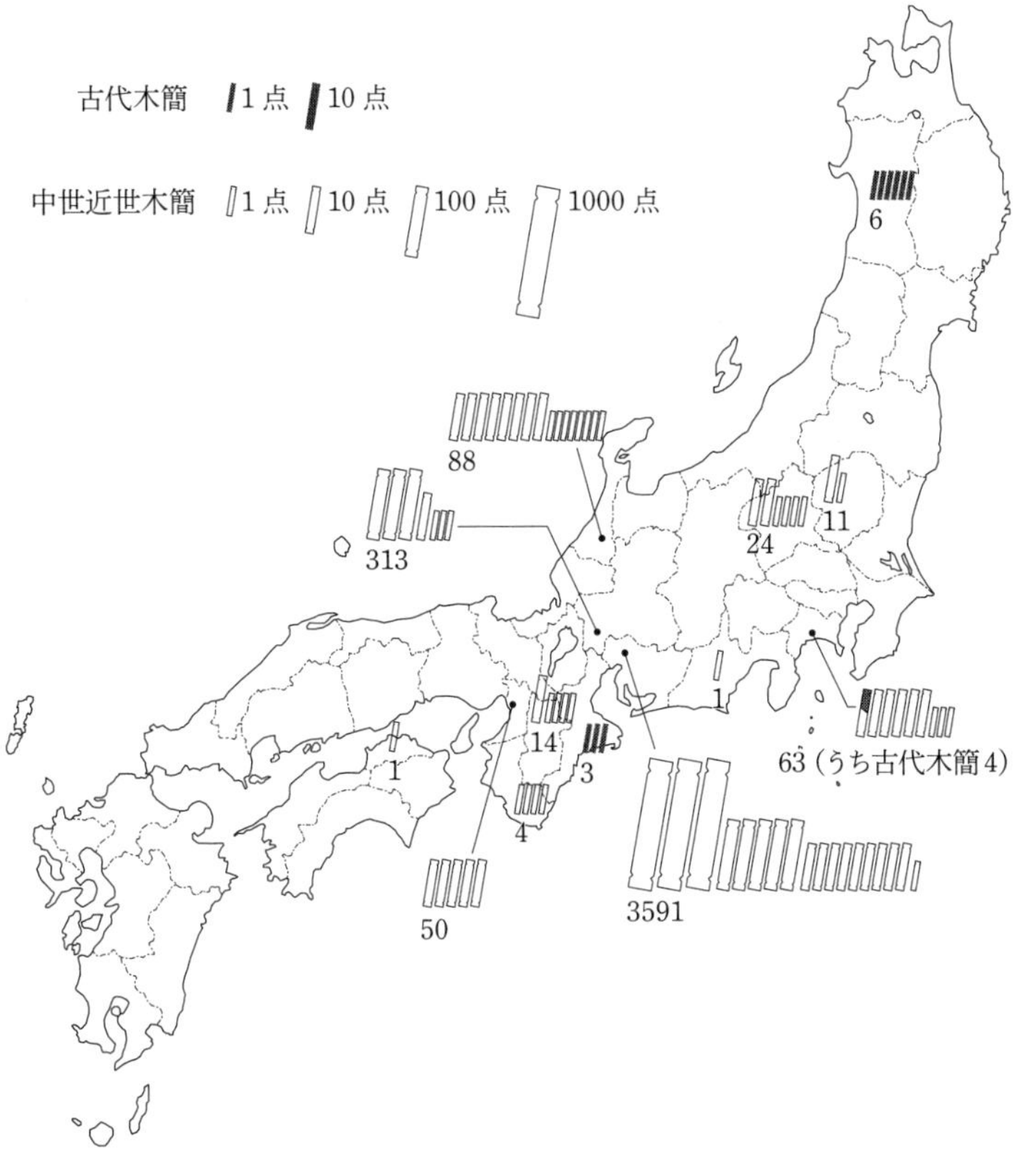

寺請木簡(1961年出土)より前に見つかっていた木簡の出土分布

秋田は、古くから木簡が発見される地であったとともに、実は、もっともたくさんの古代木簡が「表面採集」されている県と言えるのです。

それだけではありません。木に文字を記す文化は、現在までも脈々と続くものですから、古代以降にも、たくさんの木簡が用いられました。

実物が伝わる日本で最初の木簡発見例は、香川県さぬき市の長福寺《ちょうふくじ》で見つかった室町時代の備蓄銭の付札で、一九〇四(明治三七)年のことでした。

この後、平城宮跡で木簡が発見されるまでの約六〇年間に、日本の木簡は四〇〇〇点を超えていたとみられます。それらの多くは耕作中や工事中に偶然発見されたものでした。そのうち古代木簡はわずか一三点に過ぎません。ほとんどは鎌倉時代以降のもので、その実に九八パーセント以上が、「こけら経《きょう》」という一ミリ程度のごく薄い木片にお経を記したものです(本書Ⅳ-27参照)。ともあれ、本格的な研究が始まる以前に見つかっていた木簡は、現在の木簡研究にも重要なメッセージをあたえてくれます。

当時の古代木簡は付札が多いのですが、そのほか秋田の払田柵跡には、文書木簡や刻書《こくしょ》(針や釘などで刻まれた文字)もみられます。

これに対して、諸国から納められた調庸物《ちょうようぶつ》(米、布などの物納税)に付けられた荷札は、当時はまだ見つかっていませんでした。そこにも、木簡の時代を超えた特質が、みえかくれしているように思われます。

(山本　崇)

11　『日本書紀』の修飾を見破る――「郡評論争」と木簡

一点の木簡が、「郡評論争《ぐんぴょうろんそう》」と呼ばれる日本古代史上の著名な論争に終止符を打つことになりました。

それは一九六七(昭和四二)年に、藤原宮跡北辺地区から出土した「己亥《きがい》年十月上球《かずさ》国阿波《あわ》評松里」と記された荷札木簡です(三四頁写真㊨)。房総半島の先端にあたる、のちの安房《あわ》国安房郡(現在の千葉県南房総市周辺)から藤原宮へ送られた、西暦六九九年の荷札でした。

いわゆる「郡評論争」は、大化二(六四六)年正月の大化改新詔から大宝元(七〇一)年の大宝令制定までの間の地方行政組織が、史書の『日本書紀』にみえる「郡」なのか、石碑などに刻まれた金石文《きんせきぶん》などにみえる「評」なのかをめぐるものでした。

ところが、論争はそれにとどまるものではなく、大化改新詔や、『日本書紀』の記載そのものの信憑性をめぐるものへと発展していきます。六九九年の木簡は、改新詔には「評」とあったはずのものが「郡」と修飾されたことを確実にしたとともに、『日本書紀』の記述が後の知識により修正されていることを具体的に示した点で、画期的な発見でした。

その後、静岡県浜松市の伊場《いば》遺跡群、藤原宮跡や飛鳥池《あすかいけ》遺跡(明日香村)、石神《いしがみ》遺跡(同)などの遺跡から、七世紀の木簡はたくさん出土しています。藤原宮跡からは、「庚子《こうし》年」(七〇〇年)の

（裏）　（表）

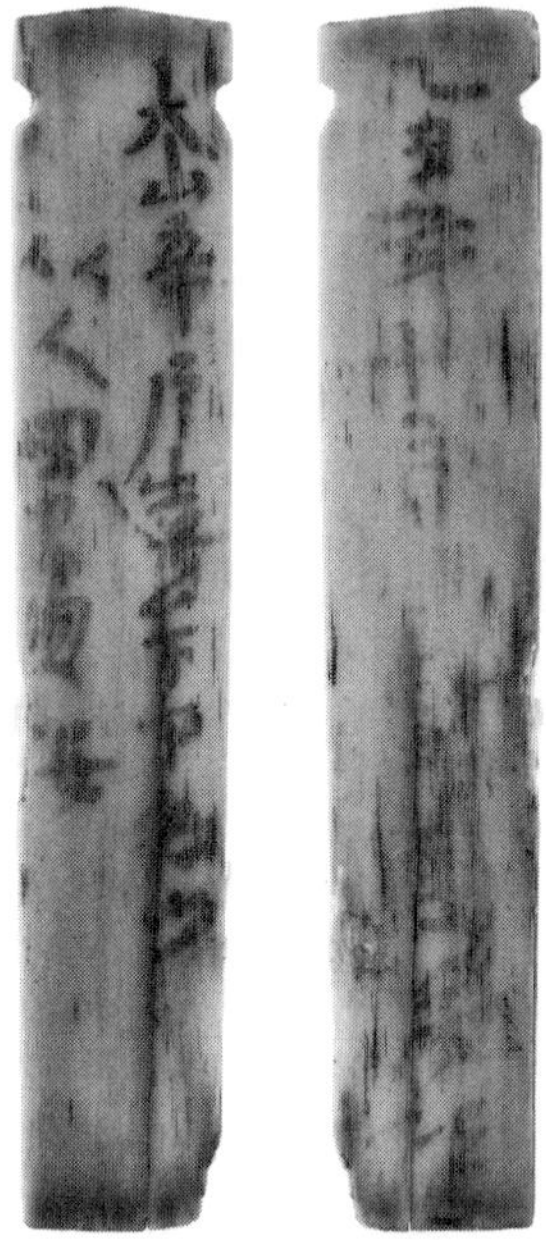

（15.2 cm）

（17.5 cm）

㊨「己亥年十月上球国阿波評松里」と記された藤原宮跡出土の木簡〈写真提供＝奈良県立橿原考古学研究所附属博物館〉

㊧ 石神遺跡出土の木簡（赤外線写真）．「乙丑年十二月三野国ム下評」（表），「大山五十戸」（裏）などとある．

「評」と記した木簡も出土しました。類例が増えても、諸国から都に送られた荷札の表記は、七〇〇年までは「評」、七〇一年からは「郡」で例外はなく、大宝令により郡に改められたことは動かぬ事実とみられます。

それだけではありません。これらの木簡により、さらに小さな組織である五十戸から里への変遷の時期も推測できるようになりました。「サト」表記の五十戸から里への変更は、天武天皇一〇(六八一)年から同一二年にかけて進められました。その後しばらくの間は、五十戸と里がともにみえますが、持統天皇二(六八八)年以降は、里に統一されます。地下から出土する木簡の表記が、地方行政制度の変遷を明らかにしたのです。

評や五十戸の記述にかかわるものでは、「乙丑《いっちゅう》年十二月三野《みの》国ム下《むげつ》評大山五十戸」(後の美濃《みの》国武儀《むぎ》郡大山郷。現在の岐阜県富加町《とみかちょう》付近)と記した、天智天皇四(六六五)年の木簡が、二〇〇二年に石神遺跡から出土しました(写真㊧)。「国・評・五十戸」制を示す現在のところ最古の木簡で、その年代は最初の戸籍とされる庚午年籍《こうごねんじゃく》よりも遡ります。この木簡は、サトの誕生をめぐるこれまでの理解に大きな変更をせまるだけでなく、大化改新詔の評価にまで影響を与えるものとして、注目を集めています。

木簡は、とりわけ史料の少ない七世紀の歴史を明らかにする上で、なくてはならない史料として、重要な役割を果たしているのです。

(山本　崇)

12　藤原京の造営過程を解き明かす

藤原京《ふじわらきょう》は、六九四年に「遷都《せんと》」したといわれます。それでは、都の造営はいつから始められたのでしょうか。

『日本書紀』によると、天武天皇五(六七六)年に「新城」に都を造ろうとしたとみえます。けれども、その範囲にある田園はみな荒れ果ててしまい、ついに都とならなかったと伝えます。その後、同一一(六八二)年三月には、役人が「新城」に派遣され、次いで天皇が行幸します。さらに二年後の同一三年三月には、天皇が「京師《けいし》」を巡行して「宮室の地」を定めたとみえ、この頃までに都のプランや、天皇の居所の地が定められたようです。

都の造営は、天武天皇が亡くなり一時中断しますが、持統天皇の時代に再開し、ついに「遷都」の日を迎えることになります。

『日本書紀』が語る都の造営過程は、藤原宮跡から出土した木簡により裏付けられました。藤原宮の中心とも言える大極殿《だいごくでん》の真下には、幅六メートル、確認されているだけで南北五七〇メートルにも及ぶ大規模な溝が掘られていました。

この溝は、都の造営に必要な物資運搬のために掘られた人工の運河であると考えられており、この溝から、「壬午年《じんご》」(天武天皇一一年)から「甲申年《こうしん》」(同一三年)までの年を記した木簡のほか、同

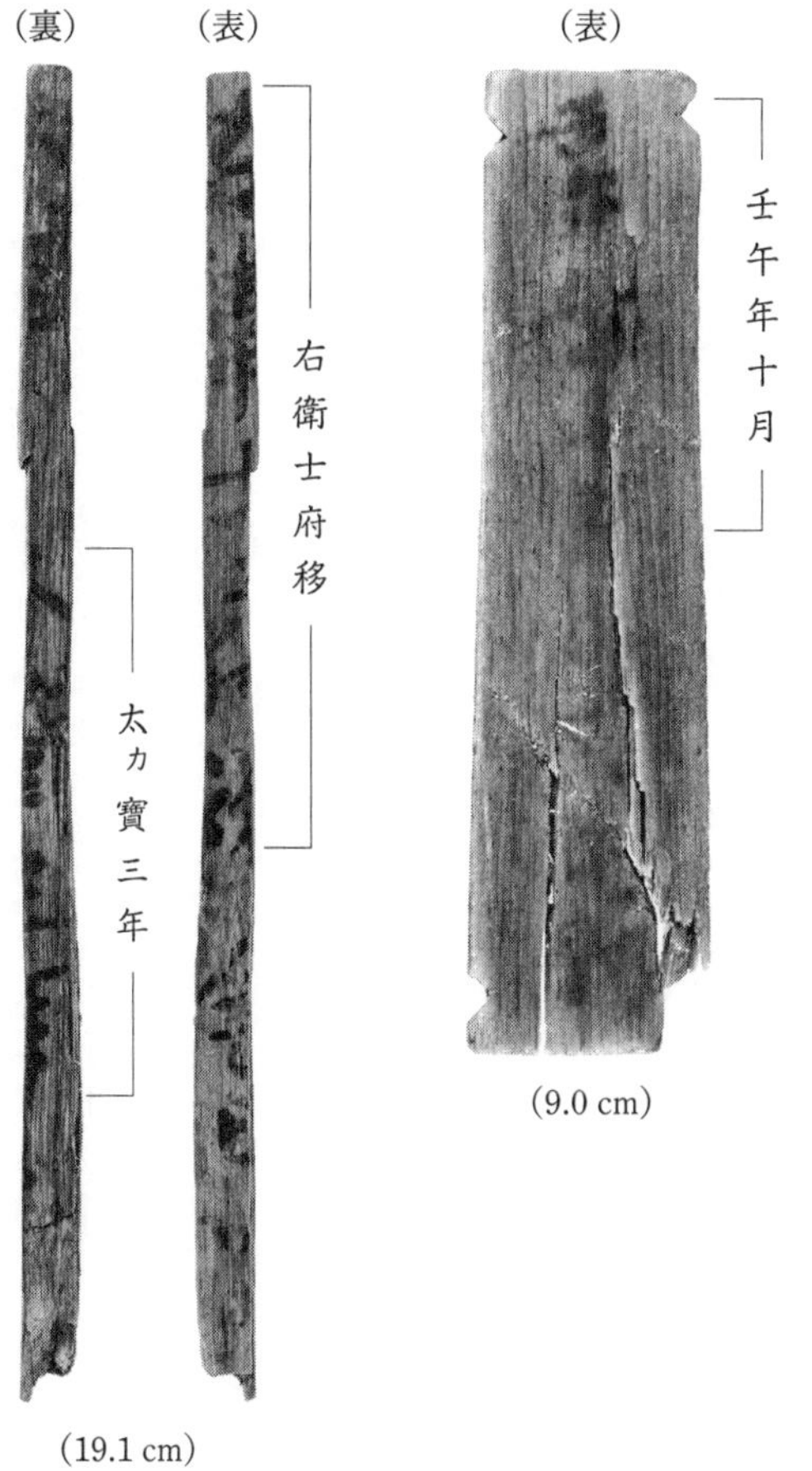

㊨ 藤原宮造営時の運河跡から出土した木簡

㊧ 藤原宮跡の朝堂院東面回廊東南隅から出土した木簡

一四年に制定された「進大肆」という位を記した削屑《けずりくず》が出土しました。木簡の年代は、同一一年頃に本格化したらしい都の造営時期とみごとに一致しており、木簡は、都の造営にかかわるものとみられます。

都の造営は、「遷都」の後にも続けられていました。大極殿は、文武天皇二(六九八)年正月には使われており、その南側に建ち並ぶ朝堂《ちょうどう》も、大宝元(七〇一)年正月に登場することから、宮の中枢部はこの頃までに完成したと考えられていました。

ところが、朝堂を取り囲む回廊《かいろう》の建設は、遅れていたようです。東面の回廊を造営する時に掘られ、その完成とともに埋められた溝から、「□〔大カ〕宝三年」と記された木簡が出土したのです(三七頁写真㊧)。これにより、朝堂を取り囲む区画の工事は、大宝三年以降に降《くだ》ることが明らかになりました。

このように、藤原宮跡から出土した木簡は、都の造営が天武天皇の時代から始められていたことや、遷都の後一〇年を経た大宝年間にも、なお造営途中であったことを明らかにしました。

ところが、近年の研究によると、藤原京は、大宝四年にそれまでに完成した部分のみを京域として定め、以後、後に平城京とよばれる新たな都の建設を模索し始めたと考える研究者もいます。中枢部の朝堂院東面回廊が竣工したかどうかという時期のことです。そうであるならば、藤原の都は建設途上の「未完の都」であったと言えるかもしれず、木簡は、歴史書にはみえない藤原京の造営過程に、新たな論点を提供してくれるのです。

(山本　崇)

13　長屋王宅の決め手となった役所の手紙

「郡評論争」に決着を付けたり（本書Ⅱ-11参照）、贄《にえ》（天皇の食材）の貢進の実態を明らかにしたり（本書Ⅴ-34参照）というように、文献資料だけではわからなかった事実を明らかにするのは、木簡の新出史料としてのめざましいはたらきです。しかし、木簡は文字資料である前に、考古資料としての性格を兼ね備えています。遺跡に根ざした資料として、その解明にも大きな役割を果たすのです。

木簡が遺跡の究明に役だったもっとも顕著な例を、平城京における左大臣長屋王《さだいじんながやおう》（六七六？—七二九）宅の発見に見ることができます。謀反《むほん》の罪を着せられ、七二九年に自害した悲劇の宰相《さいしょう》の屋敷、その政治的な事件の場をまさに目前にすることになったのでした。その決め手が、「長屋王家木簡」と呼ぶ三万五〇〇〇点に及ぶ一大木簡群の発見です。一九八八年のことです。

長屋王家木簡の木簡研究史上の意義は改めてご紹介するとし（本書Ⅲ-18参照）、ここでは住人を長屋王と特定できた根拠について考えてみたいと思います。長屋王家木簡といって最初に思い浮かぶのは、「長屋親王宮鮑大贄十編」の木簡でしょう。「長屋親王《しんのう》」と書かれている意味については措《お》くとして、この長屋王宛てのアワビの荷札こそが、ここが長屋王宅である動かぬ証拠以外のなにものでもないと思われるかもしれません。

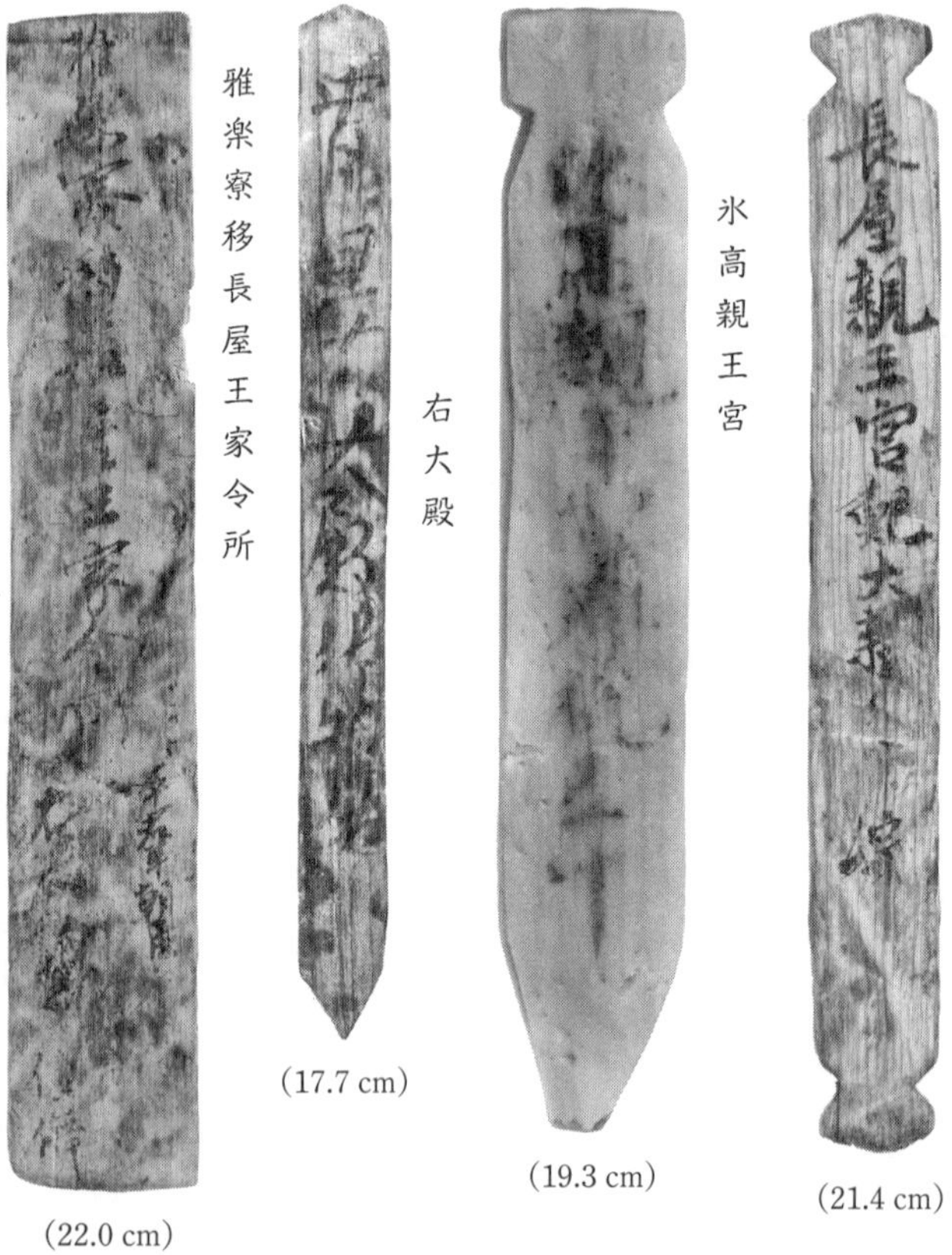

長屋王宅の決め手となった木簡(左端)と，長屋王宅で見つかった宛先のある木簡(右の 3 点).

しかし、話はそうは簡単ではないのです。

長屋王家木簡の中には、実は他にも宛先の明記のある荷札が含まれていました。一つは「氷高親王宮」宛ての米の荷札です。氷高《ひだか》(内)親王は七一五年に元正天皇《げんしょう》として即位する女性で、長屋王夫人の吉備内親王《きびないしんのう》の姉にあたります。

もう一つは、「右大殿」宛ての、やはり米の荷札です。右大殿《みぎのおおとの》は右大臣の意味で、平城遷都の立役者、藤原不比等《ふひと》のことです。長屋王は藤原不比等の娘も夫人の一人に迎えていましたから、やはり長屋王との関係は浅からぬものがありました。

もし、「長屋親王宮」宛ての荷札が、出土地が長屋王宅である証拠になるのなら、「氷高親王宮」宛ての荷札は氷高内親王宅の根拠にもなり得るでしょうし、「右大殿」宛ての荷札だって不比等宅の証拠となるでしょう。実際に氷高内親王を宅地の主人に充てる理解もあります。「長屋親王宮」の木簡だけで屋敷の主が決まるわけではないのです。

では何が長屋王宅の決め手になったのかといえば、それは雅楽寮《うたりょう》という役所から長屋王の家令《かれい》(国から与えられる家政機関の長官)宛てに出された手紙の木簡です。当時の手紙は差し出し側に戻って捨てられることもありました(本書Ⅲ-15参照)が、ここが役所である可能性はほとんどなく、この木簡は長屋王の家でなければ見つかり得ない資料と言えるのです。

この木簡を核にして、さまざまな木簡が長屋王に収斂《しゅうれん》してゆく様子が明らかになることで、最終的に長屋王の屋敷であると判断したのでした。

(渡辺晃宏)

14 「奈良京」が見つかった

奈良の都・平城京、今私たちは何気なくこう呼びますが、当時もそうだったのでしょうか？「ならのみやこ」と呼んだことは、「咲く花の匂うがごとく」の『万葉集』の歌を引き合いに出すまでもなく、たぶん確かなところでしょう。しかし、文字にするとどうだったか、となると話は別です。

「なら」には今でも「奈良」や「寧楽」の表記があり、「平城」も「なら」と読みます。当時も「平城京」と書いたのか？　もしそうならば、「へいじょうきょう」と読んだのか？　そもそもなぜ、「ならのみやこ」を「へいじょうきょう」と呼ぶのでしょうか？

七〇八(和銅一)年の遷都の詔《みことのり》では、「平城」の地が都に相応《ふさわ》しい場所と述べられています。しかし、これは八世紀末に成立した『続日本紀《しょくにほんぎ》』の記事で、遷都当初から「平城」と表記した根拠にはなりません。

都の地の表記については、長屋王家木簡の中に手がかりがありました。長屋王家の家政担当部局を「奈良務所」と呼び、屋敷を「奈良宮」と記す木簡があったのです。「奈良」は「なら」を一字一音で表す万葉仮名表記です。このことから、遷都直後の七一〇年代には、すでに「なら」という地名があり、今とまったく同じ「奈良」と書いていたことは明らかです。しかし、これだ

（裏）（表）

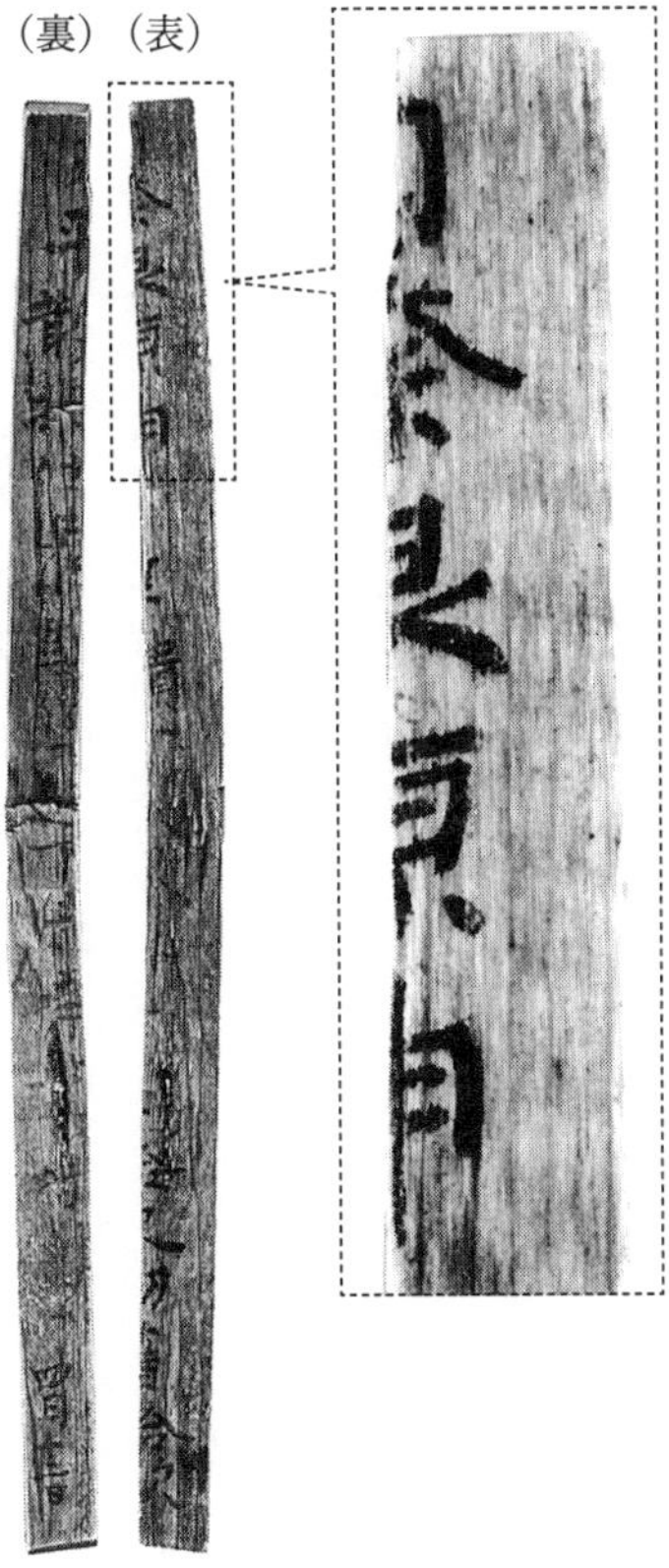

（25.2 cm）

（裏）（表）

（24.1 cm）

㊨ 長屋王宅跡で出土した木簡．表の上部に「奈良務所」と記されている．

㊧ 秋篠川の旧流路跡から見つかった「奈良京」木簡．表上部に書かれた「自奈良京申」の文字の拡大赤外線写真と，全体の表と裏．

けでは都の名称が「なら」だったとはまだ言い切れません。

この問題の解決の糸口は、思わぬところで見つかりました。奈文研の建て替えに伴う発掘調査です。奈文研の敷地は、平城宮西面中門の佐伯門《さえきもん》を出てすぐの所です。ここは秋篠川《あきしのがわ》の旧流路とみられる川跡にあたり、これを敷葉《しきば》・敷粗朶《しきそだ》と呼ぶ工法で丁寧に埋め立てた様子が明らかになりました。

秋篠川は当初ここから南東方向へ流れ平城宮西南部を斜めに横切っていたようです。平城遷都に際し、これを都の碁盤目《ごばんめ》の道路に沿う南北の方向に付け替える大土木工事を短期間に実施したのです。

木簡は、この古い流路を埋めた土から見つかりました。遷都と相前後する時期の木簡であるのは間違いありません。そこから読み取れたのは、「自奈良京申《ならのみやこよりもうす》」の文字。縦半分に割れ、右半分しか残っていませんが、偏《へん》と旁《つくり》に分かれる文字ではなく、ほぼ左右対称の字形であることが幸いし、問題なく読み取れました。籌木《ちゅうぎ》(くそべら。本書Ⅲ-17参照)に再利用された木簡でしょう。

奈良ではない場所のみやこ、すなわち藤原京との間のやりとりの木簡とみられます。薬を託された駈使丁《くしちょう》の逃亡など、興味深い事実を伝えています。十分読み取れないのが残念ですが、この木簡の発見によって、遷都の当初から、都が「ならのみやこ」と呼ばれていたことが判明しました。「平城」や「寧楽」は、あとから生み出された表記であり、「へいじょう(ぜい)」の読みも、「平城」の表記から生まれたらしいことが見えてきました。


(渡辺晃宏)

III 木簡の使われ方

15 文書を巻き付ける「軸」も木簡

宛先の書かれた木簡が遺跡の性格を考えるための材料になる——これは木簡の大事な役割の一つです。荷札《にふだ》木簡の場合、木簡は荷物が最後に消費される場所まで、荷物とともに運ばれます。本書Ⅱ-13で紹介したように、長屋王《ながやおう》の屋敷で、彼以外を宛先とする荷札が見つかっているのはこのためです。とはいえ、宛先と無関係の所に運ばれることはありません。

文書《もんじょ》木簡の場合はどうか。今なら手紙が捨てられるのは宛先でしょう。しかし、たとえば書き損じや出し忘れの結果、手紙が差し出し人の手もとに残ることはあり得ます。事情は古代でも同じです。違うのは、差し出し人のもとに戻る場合が結構あったことです。

呼び出しを受けた人が呼び出し状の木簡を持って出向き、本人が出頭した証とする。あるいは請求された物品をもれなく用意した証拠になるよう、受け取った請求リストの木簡を品物とともに届ける。そういうことがよく行われました。これらの場合、木簡が捨てられた場所は、宛先か差し出し元の二者択一で考えられますから、宛先や差し出しの書かれた木簡が複数見つかれば、出土地の性格は容易に決められます。文書木簡の動きは、荷札木簡よりやや限定的と言えるでしょう。

このように、木簡が宛先とまったく無関係の場所で捨てられることは、基本的にはないと考え

肥後国の兵士の名簿を巻いた軸．両木口(棒の右上と左下)に文書の情報が記されている．(長さ 32.0 cm，直径 2.2 cm)

られます。しかし、例外もありました。その代表的な例が、文書軸《もんじょじく》の木簡です。地方から中央に提出する長文の帳簿状の文書は、棒状の木製の軸を芯にし、これに巻き付けて届けるのが正式な作法でした。その際、軸の木口《こぐち》部分に文書の情報を記します。巻物をいちいち開かなくても中身がわかるようにする工夫です。軸が木簡として扱われ得るのは、この工夫があればこそなのです。

文書軸の木簡が捨てられるのは、巻いてある文書の保管期間（最長は戸籍の三〇年）終了後になります。しかし、すぐ捨てられるのではなく、その前に文書裏面の余白の二次的な利用が行われました。卑近なたとえで恐縮ですが、ちょうどトイレットペーパーをちぎって使うように、裏面を再利用し尽くして初めて、軸の木簡は木としての姿を現し、捨てられることになるのです。

しかも、裏面の二次利用にあたっては、役所の枠を越えた分配が行われていた可能性があります。正倉院《しょうそういん》に伝来した奈良時代の戸籍・計帳や正税帳《しょうぜいちょう》などの公文書は、二次利用された紙の方の遺品なのですが、本来は軸の木簡に巻かれていたはずです。これらは、民部省《みんぶしょう》か中務省《なかつかさしょう》に保管されていた軸に巻かれた文書が、直接関係のない役所に払い下げられたことを示すものです。

平城宮・京跡では、これまでに棒状の軸やその断片が、計約二〇点見つかっています。肥後国（今の熊本県）の兵士の名簿の軸が、式部省関係の木簡と一緒に見つかったのは、こうした払い下げの結果とみることができます。

（渡辺晃宏）

16　削って使い尽くされた

今や日本古代史にとって欠くことのできない史料となった木簡ですが、私たちが目にしている木簡は、残そうとして現代に伝わったものではありません。木簡としてはすでにその役割を終えた、いわばゴミなのです。

木簡はけっして特別な場所から見つかるわけではありません。生活の残滓《ざんし》としての遺物は、その時代の地面を覆う土や、地面に掘り込まれた遺構の中に多数含まれています。しかし、浅い場所でぬれたり乾いたりを繰り返すと、有機質は早い段階で分解してしまいます。ですから、木簡が残るのは、たいてい溝やゴミ捨て穴、あるいは井戸のように、当時の地面を人為的に掘りくぼめた深い遺構の中になります。生活面を造るために面的に敷かれた整地の土に残ることもあります。

いずれにせよ、地表に出ない場所で、日光と空気から遮断された状態で、地下水に守られながら腐蝕《ふしょく》の速度が抑えられて初めて、木簡は一三〇〇年もの間残るのです。木簡にとって、水が命の源とも言えるわけです。

それでは、木簡はどうやってそうした遺構の中に入るのでしょうか。簡単そうに見えますが、その過程は実はまだよくわかっていません。

下総国千葉郡

志摩国答志郡答

（裏）　（表）

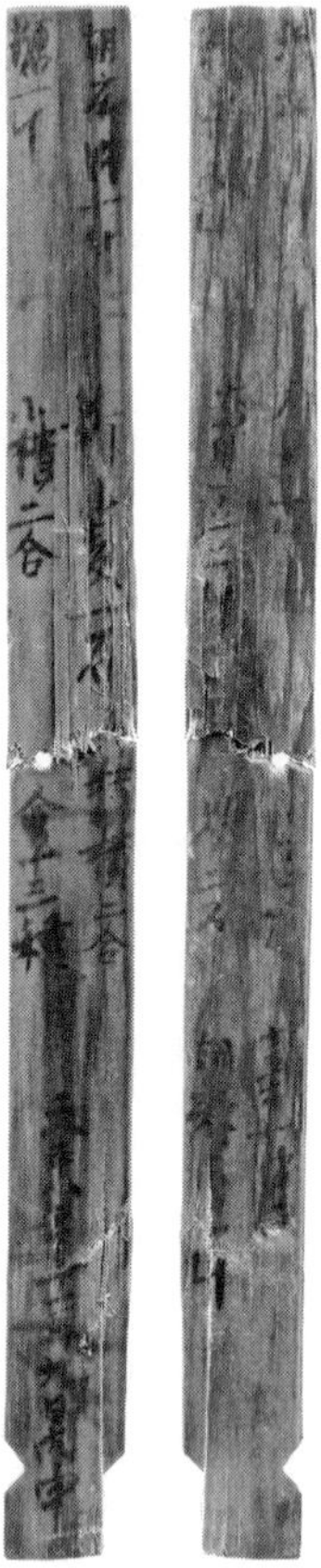

(30.1 cm)

(30.3 cm)

㊨ 荷札を削ったとみられる削屑

㊥ 切り込みのある荷札を再利用した帳簿の木簡．表に米，小豆，炭など，裏に薪，胡麻油などの数量が見える．

㊧「調」として納められた安房《あわ》国のアワビの荷札．切り込みがあり，逆さにすると右の木簡と形も大きさもそっくり．

発掘で見つかる木簡のうち、完全な形に近いものは点数的にはせいぜい二、三パーセント程度です。他に折れたり割れたりした断片が一、二割程度ありますが、古代の木簡では全体の八割近くは実は鉋屑にも削り節にもたとえられる細片、すなわち削屑《けずりくず》です(本書Ⅰ-3参照)。木簡投棄のメカニズムを考えるためには、完全な形であった木簡が、どうやって今私たちが見るような形になったのか、その過程を考えてみる必要があるでしょう。

もっとも重要なのは、木簡の再利用という契機です。文書木簡の場合は、何度も削り直して再利用が可能であるという、木の利点を最大限活かした使い方ですから、多数の削屑が生まれるのは理解しやすいでしょう。一定量の使用済みの木簡を、一斉に削ってリニューアルする場面も想定できます。

一方、荷札木簡は再利用されることは少ない、と言われています。切り込みや剣先状に尖《とが》らせる特別の形状、そしてそもそも租税貢進用という目的からみても、再利用が考えにくいのは確かです。しかし、租税の荷札の削屑の例もわずかながら知られています。また、荷札としての再利用は考えにくいとしても、役所の文書や記録の木簡としての再利用は十分考えられます。切り込み部分が邪魔になるなら、折り取ってしまえばよいのです。本書Ⅲ-15でご紹介した棒状の軸のような特殊な木簡でさえ、工夫して再利用した事例が知られています。

木簡をトコトン使い尽くす役人の執念は、まさに見上げたものです。しかし、彼らにとっては特別のことでも何でもなく、ごく当たり前の自然な習慣だったのでしょう。

(渡辺晃宏)

17 転用の道は便所や祭祀にも

木簡の再利用は、木簡としてのみにとどまりません。

以前から、木簡には縦に割《さ》けた状態で出土する例が多数あることが知られていました。当初は、廃棄後自然に割れたとみていましたが、細長い木簡が横に折れるならともかく、土圧で縦に割れるのは実は考えにくいことです。人為的な手が加わっているとみる方が、はるかに自然です。

そこで考えられたのは、シュレッダー説です。つまり、内容がわからないように廃棄した結果とみるのです。しかし、縦に分割された文字を読むことこそ、まさに木簡を読む醍醐味です。シュレッダーとしての役割は不十分と言わざるを得ません。

ではなぜ、木簡は縦に割かれたのか。今最も有力なのは、籌木《ちゅうぎ》説です。籌木とは、用をたしたあとにお尻を拭くための細長い木片のことです。専用の籌木もありますが、大きさも形状も、木簡を割いて加工するのが簡単でした。割るだけでなく面取りしたお尻にやさしい籌木もあります。

こうしていわばトイレット・ウッドとしての再利用という、思いもよらぬ木簡の一生が明らかになってきました。国宝平城宮第一号寺請木簡の文字が、表からみて左側三分の一ほどが欠けていたことを思い起こしてみてください(本書II-8参照)。

このように、木簡は必ずしも木簡として捨てられるわけではないのです。これには籌木以外に

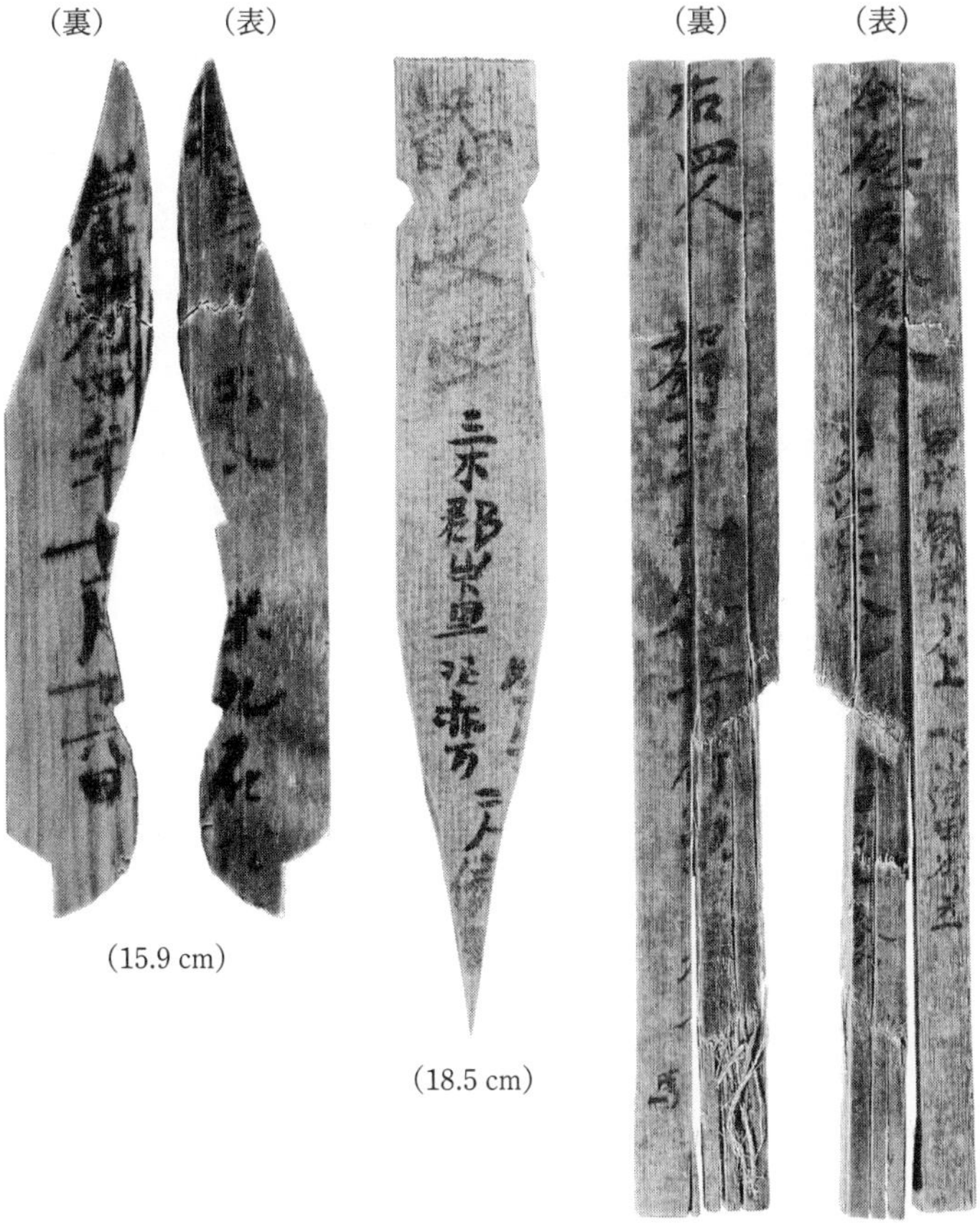

㊨ 縦に 3 つに割られた木簡
㊥ 下端を二次的に尖らせて斎串《いぐし》に再利用したとみられる木簡
㊧ 馬形《うまがた》に二次整形された木簡

も、もう少しヴァリエーションがありそうです。

平城宮跡からは、木簡を再利用して作られた馬形《うまがた》(祭祀具《さいしぐ》の一種)が出土しています。また、もっと単純に一端を尖らせる形に二次的に削り、斎串《いぐし》と呼ぶ祭祀具に転用した例もみられます。文字が残っていても、祭祀具としての機能には無関係なのです。

斎串のこの一端を尖らせた形状は、実は付札木簡《つけふだもっかん》にごく普通に見られる形です。それなら、木簡をそのまま斎串に転用する場合もあったのではないかと私は臆測します。

とくに地方の役所に関わる遺跡では、川の跡から祭祀具とともに木簡がよく見つかります。これらには木簡として捨てられたのではなく、斎串などとして再生したものが多く含まれるのではないでしょうか。

もう一つは、木屑《きくず》としての投棄です。堤や道路を設置する際の基礎に、敷葉《しきば》・敷粗朶《しきそだ》工法という木の枝を丁寧に敷き並べて水に対処する特殊工法があります(本書II-14参照)。また、深い穴を埋める際に、木屑の層を人為的に設ける場合があり、これも水の始末に関連するようです。こうした木屑に木簡が多量に含まれる場合があるのです。これも木簡としてではなく、木屑としての再利用というべきでしょう。

木簡は書かれた文字だけが注目されがちですが、木簡の文字情報は、木製品としての木簡に乗っているのであり、それがさらに考古資料として伝来したものです。それらの情報を過不足なく総合的に引き出してこそ、木簡は歴史資料として真に生きるのです。

(渡辺晃宏)

18　犬、鶴、牛乳も登場

削屑や断片が、木簡のさまざまな再利用の産物であるならば、完全な形で見つかる木簡はどうして捨てられたのでしょうか？

まだ再利用できそうな木簡をなぜ見切ったのか？　実はまだこの点の明確な説明はできません。とくに完形品がごっそり見つかるような場合には、事務システムの更新とか、大規模な建て替えや引越しとか、特別な事情を想定するしかないのです。

なかでも特異な事例と思われるのが、奈良時代の初めの左大臣長屋王の屋敷跡(奈良市)で見つかった、長屋王家木簡です。幅約三メートル、長さ約二七メートルに及ぶ長大な溝状のゴミ捨て穴、たった一つの遺構から、それまでの二七年間に平城宮跡で見つかっていた数(三万三〇〇〇点)を超える三万五〇〇〇点に及ぶ木簡群が一度に出現したのです。

厖大《ぼうだい》な数とともに特筆すべきは、貴族の屋敷の運営に関わる、まったく類例のない資料だったことです。貴族の家政を切り盛りした「家令《かれい》」は、実は国の役人で、位階により人数の多少はありましたが、通常の役所と同様四等官《しとうかん》構成を取っていました(長屋王家木簡の時期、まだ従三位《じゅさんみ》の長屋王の家令は、長官の家令と第四等官の書吏《しょり》の二人だけ)。

長屋王家木簡は、長屋王宅を支えた家令が働く、政所《まんどころ》と呼ばれる組織で使われ、廃棄された木

㊨ デパートの建設工事に追われるように進んだ長屋王家木簡の発掘風景(1988 年).

㊧ 伝票木簡(いずれも部分).(上)「鶴二」.(下右)「太若翁犬」太若翁《おおのわかおきな》は長屋王の年少の子どもとみられる.(下左)「牛乳煎人」.

簡とみられます。点数の割には、パターン化された書式の木簡が大多数で、それは被支給者、品目と数量、受取人、日付、支給責任者の五項目の記載からなります。普通これを伝票木簡と呼んでいますが、主に米の支給を受けるための引き替え切符の役割を果たしたとみています。

伝票木簡の面白さは、被支給者のヴァリエーションにあります。屋敷の住人、家政機関の職員、家内工房の労働者、屋敷への来訪者のほか、長屋王宅のさまざまな活動の様子を教えてくれます。

変わったところでは、「子生犬」や「鶴」への支給があります。ペットにも米を食べさせていたのです。犬については食用犬説もあります。しかし、「若翁《わかおきな》犬」への支給例があり、「若翁」は貴人の息女の尊称とみられますから、長屋王の幼い子どもたちの愛玩《あいがん》用とみるべきでしょう。

木簡に二例しかない「牛乳」が登場するのも、「牛乳持参人」(牛乳を届けた人)、「牛乳煎人《いるひと》」(牛乳を煮詰める作業〈＝練乳状の固形乳製品、蘇《そ》の製造〉従事者)への支給の伝票木簡です。

伝票木簡は引き替えが終われば、最終的には文字を削り取って再利用したと考えられます。長屋王家木簡には、こうして生まれた伝票木簡の削屑の優品が多数含まれています。ところが、同内容の伝票木簡の完形品もまた多数あるのです。

削屑は木簡の再利用の副産物ですから、完形品との共存は普通は考えにくく、木簡のリニューアルを途中でやめざるを得ない事情が生じたのでしょうか？　長屋王家木簡にはまだまだナゾが多いのです。

(渡辺晃宏)

19　見えてきた古代の文書主義

前節でご紹介した長屋王家木簡を特徴付ける伝票木簡は、木簡の一生という点でも興味深い資料です。

伝票と呼んでいますが、それは単なる支給の記録ではありません。日ごとの支給を一覧する帳簿状の木簡は別に作られている(ただし、現存するのは削屑《けずりくず》ばかりです)のに、個々の支給ごとに伝票木簡が作られているのです。この点に、伝票木簡に食料との引き替え切符としての機能を想定する最大の理由があります。引き替え切符とその発行控えという関係です。

ここでもう一つ注目したいのは、伝票木簡の大きさがまちまちで、筆跡も多様なことです。伝票木簡を発行する部署(政所《まんどころ》)が材を用意して伝票木簡を発行するのならば、規格を揃えるのが自然なのに、そうはなっていないのです。

そこで考えられるのは、支給を受ける側が、あらかじめ最低限の必要事項(被支給者、支給品目・数量など)を書き込んだ木簡を用意し、これを受取人が政所へ持参して、日付と責任者名などを記入してもらう、という作成過程です。実際にはいろいろな作成パターンがあったと思われますが、最終的には日付とそれに伴う政所の責任者名の記載によりその有効性が保証され、効力を発揮することになります。

（裏）　（表）　（裏）　（表）　（裏）　（表）

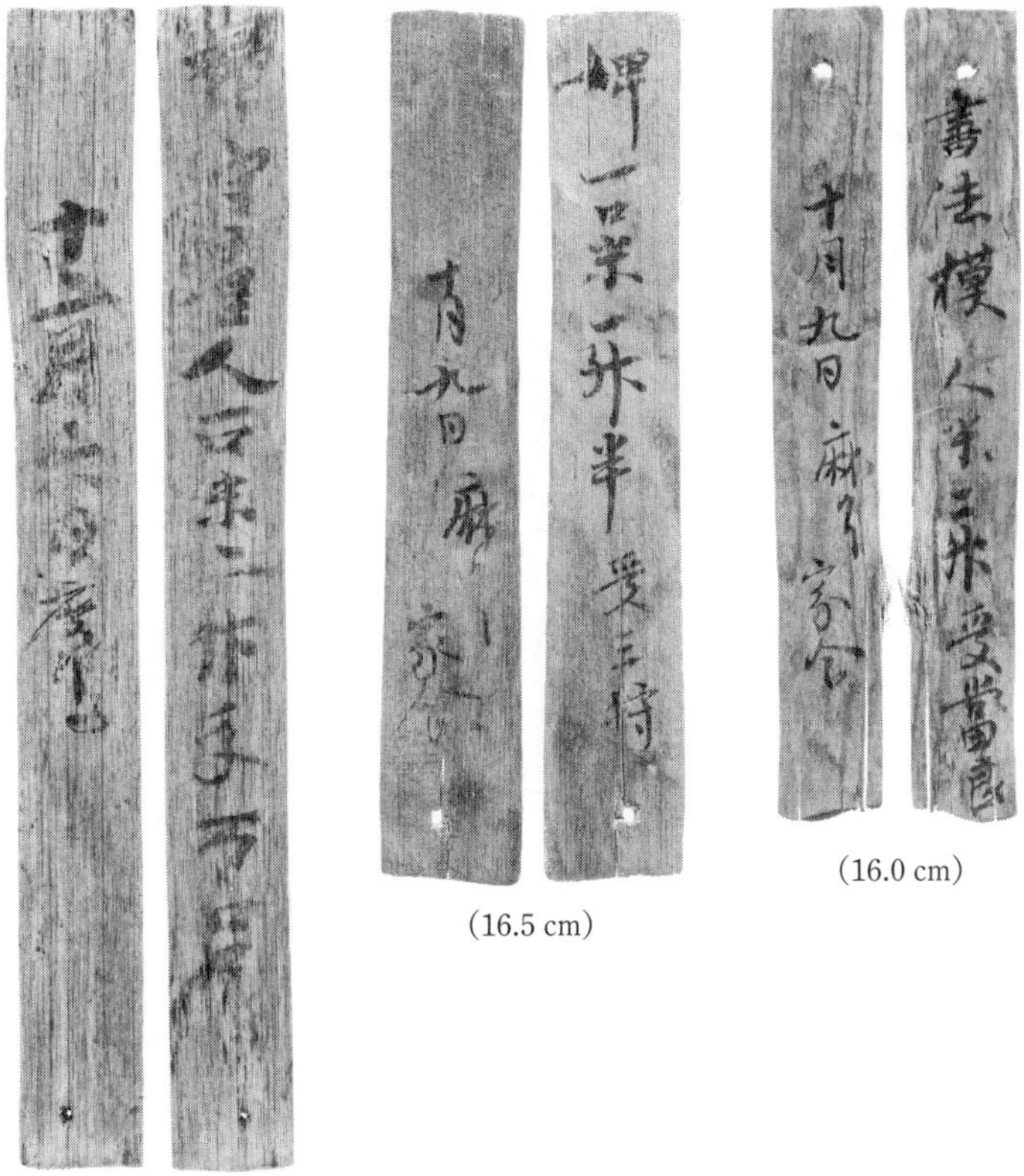

(20.3 cm)　(16.5 cm)　(16.0 cm)

㊨「書法」(漢字の字形)を模写する職人への伝票木簡.

㊥ 右の木簡と同じ日付・筆跡で「麻呂」と「家令」が作成した「婢」(女性の召使)への伝票木簡.

㊧「掃守」(清掃・設営担当)への伝票木簡.

引き替え切符として政所から正式に発行された伝票木簡は、記載されている受取人によって食料支給部局（米の支給が大半ですから、米倉であることが多い）へ持参され、いよいよ食料に引き替えられることになります。伝票木簡の受取人の記載は、持参者（＝受取人）の身分証明の役割も果たしますし、日付は引き替えの有効期限としても機能したことでしょう。

食料自体が受取人によって被支給者のもとに届けられる一方、食料と引き替えに支給担当部局に回収された伝票木簡は、紐《ひも》で束ねて保管されました。伝票木簡の一端に穿《うが》たれた孔《あな》がその証拠です。伝票木簡はその後、政所に回送され、発行控えの帳簿状の木簡と照合されたはずです。それが済めば伝票木簡は用済みで、あとは再利用のために削られるのを待つばかりです。

こうして伝票木簡の短いながらもダイナミックな一生をたどってくると、伝票木簡の動きを利用して、きわめてシステマティックな食料支給管理が行われていたことがわかります。同様の方式は、八世紀末の西大寺《さいだいじ》食堂院《じきどういん》（奈良市）の木簡からもうかがえますが、長屋王宅の徹底ぶりには敵《かな》いません。

木簡は、文書主義といわれる古代律令国家の事務運営手段の一つとして導入・活用されました。長屋王家木簡は、その本格的導入からまだ日の浅い平城遷都直後の、しかも一貴族の屋敷のものです。些末《さまつ》なことの代名詞として「米塩《べいえん》の事」と言われる米ですが、その支給管理に至るまでの堅固かつ柔軟な木簡による管理の貫徹に驚くとともに、その方式の確立過程にも興味がもたれるところです。

（渡辺晃宏）

20　正倉院が守った木簡たち

奈文研のＯＢの狩野久《かのうひさし》さんがまとめた『木簡』（『日本の美術』一六〇、至文堂）は、現場でじかに木簡を扱った研究者の手になる、優れた概説です。刊行は一九七九年九月。同じ年の一一月には木簡学会の会誌『木簡研究』が創刊されています。

ここで狩野さんは、こう書いています。「正倉院《しょうそういん》に伝世されているものを除くと現在知られている木簡はすべて遺跡の発掘調査のさいに出土したものである」。まさにレアケース。正倉院には土に埋もれずに現在まで伝わった木簡があるのです。「天平《てんぴょう》の至宝」のイメージからはずいぶん離れるのは確かですが、正倉院宝物の一部です。

大まかに分類しながら点数を示すと、（イ）文書《もんじょ》・記録簡が一〇点あまり、（ロ）付札《つけふだ》が約五〇点あります。次に（ハ）往来軸《おうらいじく》。これは巻物の軸で、遺跡から出土した類品は題籤軸《だいせんじく》と呼ばれます（本書Ⅳ-23参照）。完成形の典籍《てんせき》・経巻《きょうかん》につける、きちんとした軸ではなく、実用本位の作りです。上端に摘要を記入する幅広のスペースがあり、巻いた文書を広げなくても中身がわかるインデックスの役割をします。元の書類からは離れてしまったものが六二点と、紙とつながって残るものが二五九点となります。

狩野さんのいう「現在知られている木簡」は、その後も増加して、驚くべき数に達しています

（裏）　（表）

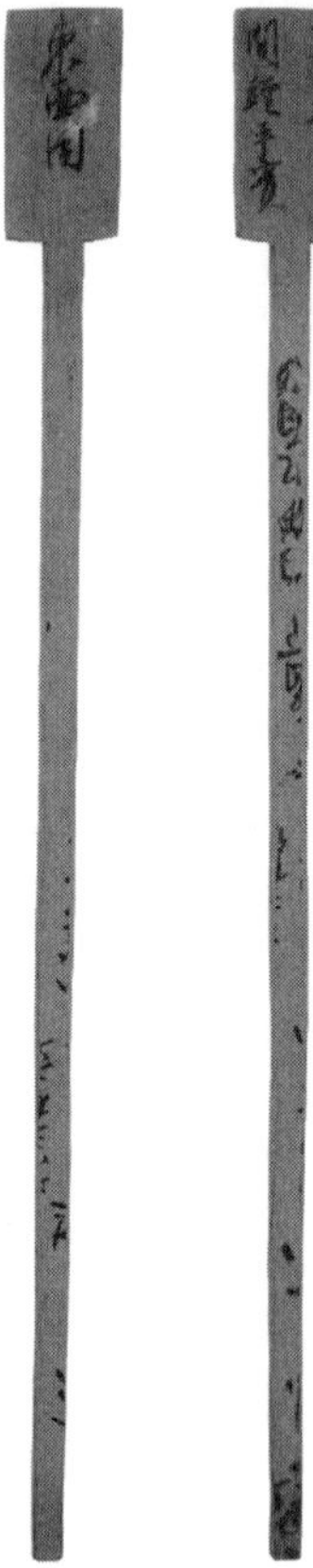

(37.5 cm)

天平 20(748)年春の写経事業の「手実」(写経生が提出した仕事の実績の自己申告書)を貼り継いだ帳簿の軸．表に「廿年春季」「間経手実」，裏に「東西同」とある．

軸部に「首万呂　校紙九百張」などと読める墨書が上下さかさまに残り，写経所で使われた「普通の木簡」を軸に転用したことがわかる．裏面の「東西同」は，東西両堂の写経生の手実を同じ巻物にまとめていることを示す．〈写真提供＝宮内庁正倉院事務所〉

が、正倉院のほうは、新発見による積み増しはあってもそんなには増えません。数のうえでは、正倉院の伝世木簡の比率は小さくなる一方ですが、伝世品と出土品という基本的な構図は変わりません。

（ハ）題籤軸の八割方は、書類が現用されていた状態のまま紙とつながって残っています。紙とはすなわち古代史の重要史料である正倉院文書で、木と紙が相携《あいたずさ》えて仕事をしている姿と言えます。ちなみに題籤軸のなかには、写経所《しゃきょうじょ》で「普通の木簡」として使用された後に、軸に作り替えられた例があります。頭でっかちの形は、さらにその先の再利用には不向きで、行き止まりの形とも言えます。

（イ）については、生み出された場所も、正倉院文書が生成したのと同じ、造東大寺司《ぞうとうだいじし》管下の写経所の周辺と推定されます。また（ロ）付札の先をたどると、正倉院宝物のいくつかが現れます。伝こういった「もの」どうしの関係性の深さは、正倉院の伝世品にみられる大きな特徴ですが、伝世品一般に当てはまるものではないように思います。

正倉院伝来の品は、同じ宝庫に集まり、その場所を離れずに、人の手があまり触れられないよう守られて伝わりました。東大寺大仏に献納された品々が、勅封《ちょくふう》による厳重な管理下にあったことはよく知られています。

複数の由来をもつ正倉院宝物ですが、ある時間と空間の一部が、そのまま閉じ込められたという点では、埋土に覆われた一括資料に共通するのかもしれません。

（杉本一樹）

21 木と紙の違いとはなにか

木と紙。学史的にも重要な観点で、本書でこれまでにも見え隠れしてきたテーマです。それぞれに特性があるのは当然として、それ以上に、伝世木簡の実物を眺めていると、両者が書記素材として地続きだと強く感じます。つい「対立の構図」で見てしまうのは悪い癖で、両者は「合わせ鏡」の関係にあると思います。

二枚の鏡が良く映れば映るほど、全体も鮮明に見えてきます。近年、正倉院の繊維製品に記された墨書《ぼくしょ》を見る機会がありました。布・絁《あしぎぬ》（絹織物）の端に、各地から貢納する税（調《ちょう》・庸《よう》）である旨が書かれています。目の粗い麻布では、相手方が正確に読めるかは度外視。そう思えるほど読みづらい例も多いのです。正倉院には東大寺の荘園を描いた麻布の地図もありますが、これはサイズや用途あっての素材選択で、一般的な書記適性では紙や木に及びません。「三面鏡」にものごとが映し出された事例です。

これまで私は、仕事の上で、平城宮・平城京から出土する木簡と同時代の、紙に書いた文書や経巻や、隣接分野の各種工芸品に接する機会がありました。人の暮らしにとっては、原材料から「一手間かけた」紙以上に、木は身近な存在だったでしょう。両手で取り扱うサイズの工芸品から、人を包み込む空間を構成する建造物まで。身近で、安定感のある素材を小分けにして作った

（裏）　（表）

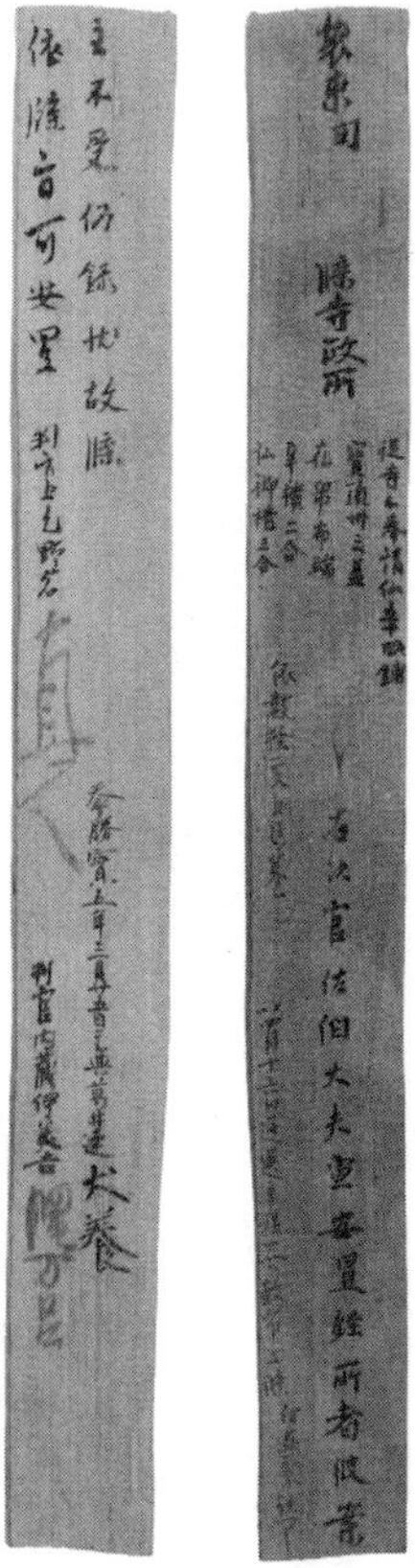

（長さ 51.5 cm，幅 5.4 cm）

正倉院伝来の木簡で，天平勝宝 5(753)年 3 月 29 日に東大寺で行われた仁王会に関する文書．裏面には「天平勝宝五年三月廿五日」の日付がある．

〈写真提供＝宮内庁正倉院事務所〉

木簡は、使いやすく手放せない書記材料だったはずです。

木材となって、一二〇〇年以上経過した木。その表面を掌《てのひら》全体で触れた経験があります。正倉の内壁です。創建当初のまま建つ倉ですが、外壁は日光や風雨にさらされて、歳月が深く刻まれています。

ところが内部はまったく違うことを、正倉整備工事の際に実感しました。とくに校木《あぜき》を積んで作られた三つの倉の間仕切りの壁は、両面とも屋内空間に面しています。明治時代に設置されたガラス戸の陳列棚を運び出したあとにあらわれた壁面の材は、表面の風化すらなく、その平滑な仕上げに驚くとともに、ふだん扱う工芸品や容器類とはまったく違う安心感が伝わり、古代の人びとが木に寄せる信頼を、触覚を通じても直観しました。

スケールの差はあれ、正倉院の木簡からも、素材としての頼りがいを感じます。前節の分類(イ)文書・記録簡のなかには、天平勝宝《てんぴょうしょうほう》年間の、法華寺《ほっけじ》金堂鎮壇具《こんどうちんだんぐ》や東大寺で行われた仁王会《にんのうえ》(『仁王般若経《にんのうはんにゃきょう》』を講説する法会)に関連する比較的大型の木簡があります。書き手の筆づかいを書記面がしっかり受け止め、事の推移までが見て取れます。

ただ紙にも、かけた手間があります。役目を終えたように見えても、いつか何かの役に立つ。迷ったうえに「とりあえず」捨てずに取っておこう、という気にもなります。正倉院文書などはそうして伝わったと、私は考えます。木の場合はどうでしょう。「手軽に書ける」が「捨てても心が痛まない」につながったのかもしれません。

(杉本一樹)

Ⅳ あれも木簡？ これも木簡！

22　くじか、ゲームか、占いか

一九六三(昭和三八)年に平城宮跡で行われた発掘調査で見つかったゴミ捨て穴、土坑《どこう》ＳＫ八二〇から初めて一〇〇〇点を超える木簡群が出土し、それによって古代木簡の三本柱として文書《もんじょ》・付札《つけふだ》・習書《しゅうしょ》といった用法があったことが判明しました(本書Ⅱ-9参照)。

ですが、実は木簡の用途や種類は多彩なのです。そこで、土坑ＳＫ八二〇出土品の中から、ちょっと変わった木簡たちをご紹介します。

写真の札は、いずれも長さ五―七センチと小型で、糸・綾《あや》・絹・絁《あしぎぬ》といった繊維製品の名前と、緑・青系を中心とする色の名前だけが記されます。上下両端はほとんど折ったままと仕上げは粗く、文字もお世辞にも丁寧とは言えません。このよく似た札たちが、土坑ＳＫ八二〇からは二〇点以上まとまって見つかりました。いったい何に使われたのでしょうか?

一番素直な考え方は、繊維製品の保管に際して添えられたラベル、とみる解釈でしょう。ですが、品目や色は、札を付けなくても見ればわかります。それとも、蓋《ふた》が閉まる入れ物にしまわれていたのでしょうか?　その場合は、切り込みや孔《あな》など、入れ物に括《くく》りつけるための紐をかける工夫が欲しいところです。けれども、この札たちにはそういった加工もありません。

この謎を解くカギがいくつかあります。第一に、規格性の高い形状。第二に、筆跡が似通い、

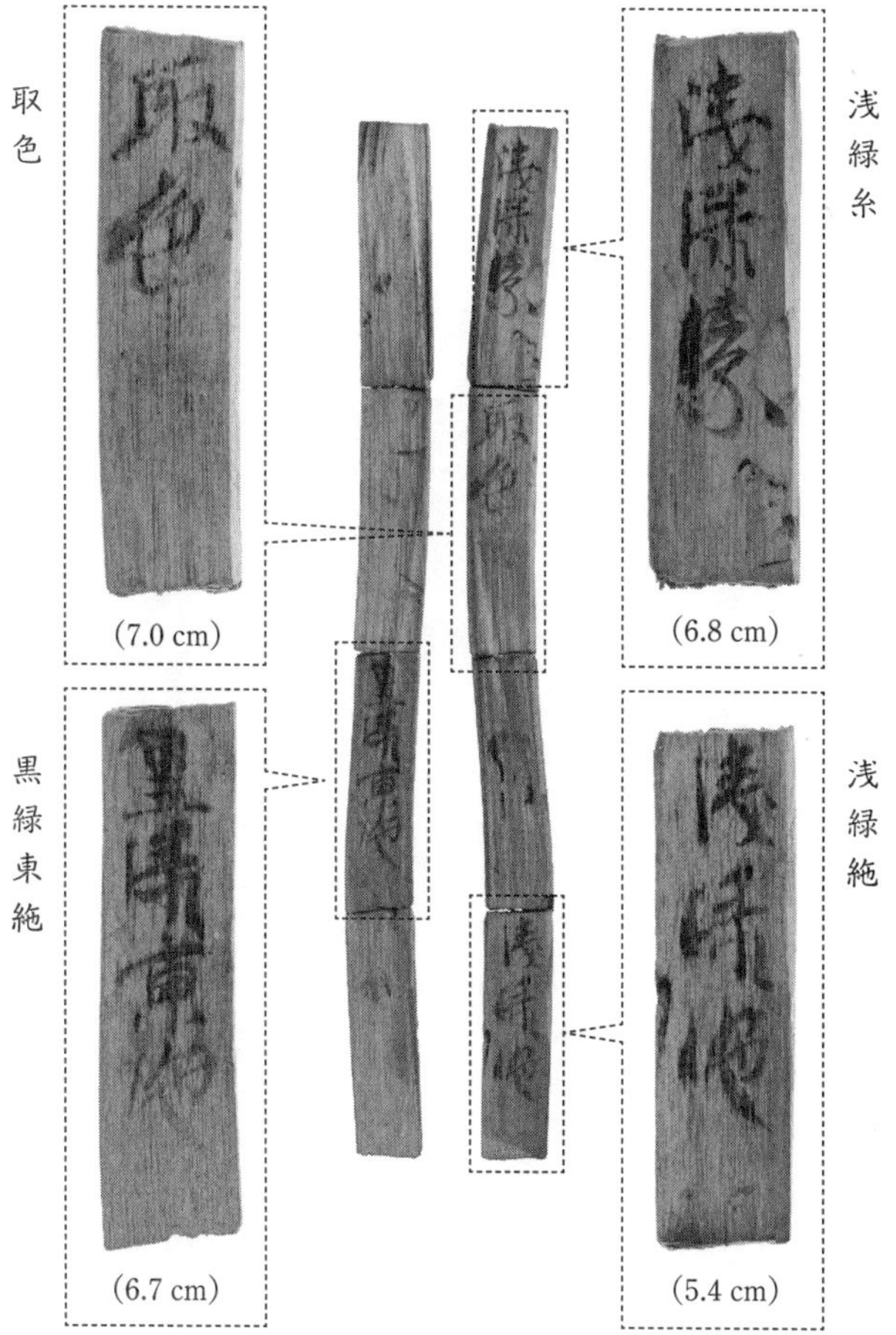

平城宮跡で出土したくじ引き札(？)木簡．写真のように札どうしが接続する例があり，材を分割して作ったことがわかる．

木簡同士が接続するものもあることから、みな一括で作られたとみられること。第三に、他とは異なり「取色」とのみ書かれた札が一点だけ含まれること、などです。

ピンと来た方もおられるでしょうか。この木簡たち、現在は「くじ引き札」とみる見解が有力です。引いたくじに書かれた品物がもらえたのでしょうか？　でも、それでは「取色」の札が生きてこないような……。この札をオールマイティーと見なせば、同じ色や製品の札を複数枚集めて役を作る、今のポーカーのようなゲームに使われたとの想像も可能かもしれません。

ちなみに、のちに行われた平城京内の長屋《ながや》王《おう》宅跡や西大寺《さいだいじ》旧境内《けいだい》の発掘調査では、より確実にくじ引き札と言えそうな木簡が見つかっています。

長屋王宅跡出土品には「此取人者盗人妻成《これをとるひとはぬすっとのつまとなる》」などと書かれています。「人生ゲーム」用の札でしょうか？　だとしたら、この札はハズレでしょうね。

西大寺旧境内出土品には「大律師成《だいりっしになる》」「沙弥《しゃみ》尓《に》成《なる》」「我《が》鬼成《きになる》」など、仏教に関わる身分ばかりが記されます。お坊さんたちも時には息抜きが必要だったのか、それとも本気で自分の将来や来世を占っていたのでしょうか⁇

くじ引き札の背後には、天平びとの飾らぬ日常が息づいています。そこに垣間見える彼らの姿は、案外、今の私たちとそれほど変わらないように感じられるのです。

（山本祥隆）

23　日々の業務を伝える題籤軸

突然ですが、問題です。七二頁写真右の木簡は、どのように使われたでしょうか？独特のカタチが手がかりですが、ここでヒント。よく見ると、下端は折れています。原形を保ってはいません。

もうひとつ、最大のヒントを。この木簡、本来は七二頁写真左の木簡のような形状であったと考えられています。もうおわかりでしょう。本書Ⅲ-20で正倉院伝来のものをご紹介した題籤軸《だいせんじく》の断片なのです。

巻物の軸としてだけなら、ただの棒でも十分。ですが、上端の幅広部分に文書のタイトルなどが書き込まれているのです。こうしておけば、巻物を開かなくても内容がわかります。今の本の背表紙のようなもので、墨書が軸としての機能を高めていると言えます。

古代の紙は、縦一尺(三〇センチ弱)×横二尺の枠で漉《す》いたのちに端を切り落として整形したため、縦は二七―二八センチくらいになるのが標準でした。写真右の木簡の軸部は現状で三・七センチほどですから、元来は少なくともさらに二五センチ前後の軸部が存した計算になります。

この題籤軸と同じ機能を果たした木簡に、本書Ⅲ-15でご紹介した「棒軸《ぼうじく》」があります。棒軸とは、円筒状に削り出した軸の木口《こぐち》部分に文書名などを記したものです。

（裏）　（表）

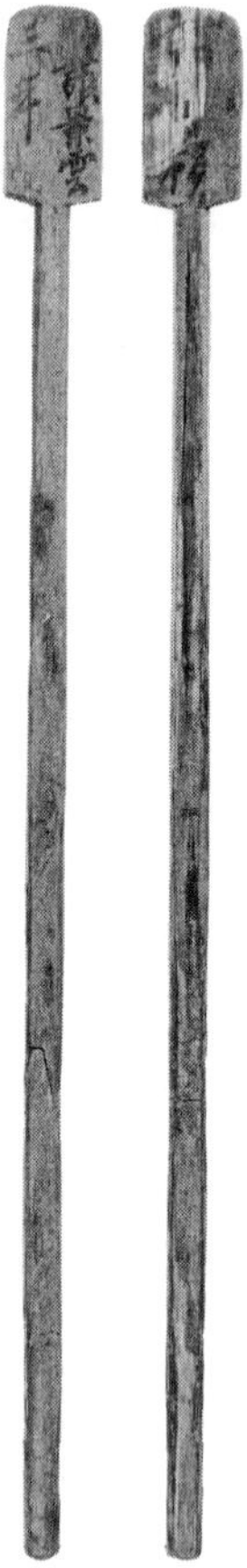

(38.9 cm)

（裏）　（表）

(9.0 cm)

㊨「従常宮／請雑物」「二年」とある．内裏(常宮)からのお下がりの受(請)取記録の軸．

㊧「諸司移」「神護景雲／三年」とある．さまざまな役所から届いた文書を貼り継いだ巻物の軸．

一方、両者には違いもあります。棒軸は、狭い木口に驚くほど細かな文字を端正に記すなど、丁寧な仕上げの優品が多く見られます。対して題籤軸は、題籤部が広く書きやすいはずなのに、そっけない記載のものも目立ちます（写真右の題籤軸も、裏面は年号を省略して「二年」とのみ記しています）。これらから、棒軸は地方から中央に上申される正式な公文書に用いられ、題籤軸は役所内での日常的な文書の管理などで重宝された、と考えられています。

それなのに、題籤軸には題籤部を丹念に作り込んだものも認められます。写真右の題籤軸も、上端を丸く形作っていますね。天平びとの譲れぬこだわりでしょうか。

ところで、題籤軸は写真右のように軸部のほとんどを欠失した状態で見つかることが多く、写真左のように完形で出土することは稀《まれ》です。

なぜでしょうか？　軸が廃棄されるのは、巻かれた文書が不要となってからのはずです。一方、文書の紙は反古として裏面が再利用されます。あるいは、文書が不要と判断された時点で、題籤部は（その証として？）折り取られたのかもしれません。そうであれば、文書が使い尽くされてから捨てられる軸部とは、廃棄のタイミングがずれることになります。完形で捨てられる方が例外、となるのです。

題籤軸は、紙の文書と木簡をつなぐ架け橋です。そんな彼らは、古代の文書行政の一端をのぞかせてくれます。

（山本祥隆）

24 曲物に残る職人と役人の目線

木簡と言えば、役所間でのやりとりや人の呼び出しなどに用いられた文書、物品に添付された荷《に》札《ふだ》や付札《つけふだ》、あるいは文字そのものの練習(習書)など、どうしても「文字」に重点が置かれたものが多くなります。

一方、木の道具に文字が記されたものもあり、こちらも広義の木簡に含まれます。本節では、木の道具に残された文字に着目してみましょう。

奈良時代の木の道具に、「曲物《まげもの》」という容器があります。読んで字の如《ごと》く木を「まげたもの」で、木の一枚板を丸めて、サクラの樹皮紐《ひも》(いわゆる樺皮《かばかわ》)で綴《と》じ、容器の側板《がわいた》としたものです。現在でも、デパートの和食器コーナーなどで、「曲げわっぱ」や「めんぱ」といった名前で販売されています。

奈良時代の曲物には、底板(もしくは蓋《ふた》板)に墨で文字が書かれているものがあります。内容はさまざまですが、中には持ち主とおぼしき「細万呂」などの人名が書かれている場合があります。また、刻書(小刀などで刻んで記した文字)でも、「益万呂」など人の名前が書かれたものがあります。

写真で確認すると、これらの文字の多くは、板の木目と同じ方向に書かれていることがわかります。一般的な木簡も、多くは短冊《たんざく》形の板材に縦書きで文字を記しますから、やはり木目に沿っ

樺皮の綴じ目を正面にして曲物を置いてみると，「秦身万歳福」という文字が木目に沿って刻まれていたことがわかる．（直径17.6 cm）

て文字が書かれるのが普通です。

ここで、現代の曲物の作り方を見てみましょう。まず、木の薄板を煮たり、湯にくぐらせたりして、熱を加えます。これにより木がやわらかくなり、人力で曲げられるようになります。つづいて、長い板を丸めて重なった部分を樺皮で縫い留めます。この筒状の輪っかに底板をはめれば、曲物の出来上がりです。

曲物作りの職人さんにお話を伺うと、曲物は、樺皮で綴じられている部分が正面であると教えてくださいました。さらに、底板の入れ方にもルールがあるそうです。輪っかの綴じ目を正面に置いたときに、底板の木目が横方向になるようにはめ込むとのこと。樺皮で綴じた部分に力がかからないようにするための工夫だそうです。

このような視点で奈良時代の曲物を見直すと、確かにこのルールに則ったものが多いことに気づきます。古代の曲物職人さんも、きっと同様の工夫をしていたのでしょう。

すると……不思議な事実が浮かび上がってきました。そう、道具としての曲物の正面と、それに書かれた文字の方向が、一致しないことになるのです。

あるいは、日常的に木簡に文字を記す役人たちは、無意識のうちに、木目に沿って文字を書いてしまうのではないでしょうか。木簡に文字を書く仕事をしている人の、一種の職業病と言えるかもしれませんね。普段使いの曲物の中に、奈良時代の職人さんの目線と、お役人さんのモノの見方の違いが表れています。

（浦　蓉子）

25　木の特性と木簡のはたらき

古代の木簡には、本書Ⅱ-9などでも触れたように、文書《もんじょ》木簡（手紙や帳簿）、付札《つけふだ》木簡（租税の荷札や保管用のラベル）、習書《しゅうしょ》木簡（文字の練習や抜書、落書など）の三種類があるといわれます。しかし、これに収まりきらないさまざまな木簡があります。

ご紹介してきた中では、曲物《まげもの》に文字の書かれたもの（本書Ⅳ-24）や、紙の文書の軸の木簡（棒状の軸や題籤軸《だいせんじく》など。本書Ⅲ-15・20、Ⅳ-23）はその代表的な事例でしょう。この他、たとえば紙の手紙を挟むための封緘《ふうかん》木簡、キーホルダー木簡、軸に巻いた文書を送る際の文書箱の木簡なども、見かけは木簡らしくなくても、文字のある木片という木簡の定義からすれば紛《まぎ》れもない木簡です。

それは実に多種多様に見えます。しかし、木簡としてのはたらきという視点から捉え直してみると、共通点があることに気付きます。木製品としての機能を別にもっていて、そこに文字が記されているという点です。

これらはみな文字が書かれていなくても、木製品としては立派に機能を果たせます。しかし、そこに新たに文字が加わることで、所有者であったり、差し出しや宛先であったり、用途であったり、文書の中味であったり（それらは木製品の属性とまとめることができます）が、明瞭に示されることになります。つまり、文字で木製品の属性を明示することで、その機能が強化されると言える

（裏）（左側面）（表）

(33.5 cm)

（裏）（表）

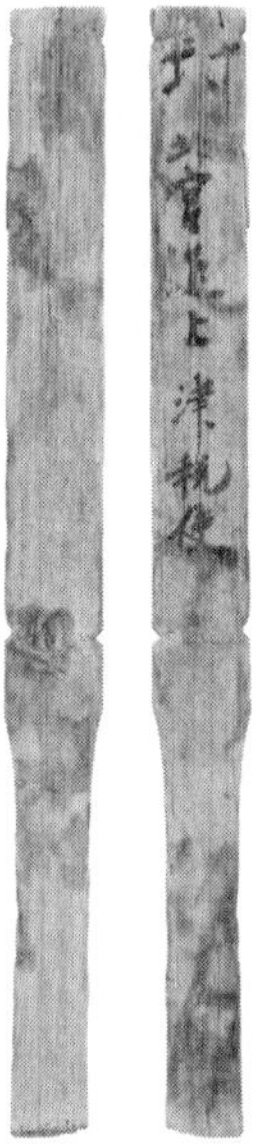

(30.0 cm)

（裏）（表）

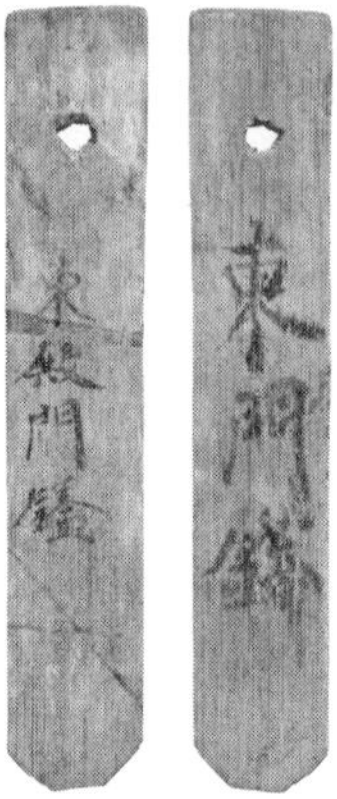

(17.5 cm)

㊨ 東門のカギのキーホルダーの木簡．「鎰《やく》」(鑰)はかんぬきを開けるカギ．

㊥ 手紙を挟んで送るための封緘木簡．2 枚に剝いだ板の間に手紙を挟み，紐をかけた上から「封」などと書いて，封をする．宛先(この木簡では「北宮」)や差し出し(同じく「津税使」)を書く場合もある．

㊧ 軸に巻いた文書を届ける際の文書箱のフタの木簡．文書箱としての機能に伴ううわ書き(「伊勢国少目大倭生羽進上」)が残るほか，余白にさまざまな習書が書かれている．

でしょう。木簡の一類型として、これらは墨書《ぼくしょ》木製品として一括できそうですが、さらに一歩進んで考えると、付札木簡は、実はこの墨書木製品と呼べる一群の木簡と、たいへんよく似た機能をもっていることに気付きます。

つまり、付札木簡の記載内容は、それが付けられている租税なり保管品なりの内容を明記しているのですから、属性を表示している点では、墨書木製品の墨書とまったく同じ役割を果たしていると言えるわけです。

このように、木簡の機能という面に注目すると、一見とりとめもなく広がるように見える木簡の世界が、きれいに整理できることがわかってきました。結論だけ記すと、意思伝達の木簡（文書木簡）、属性表示の木簡（付札木簡・墨書木製品）、文字表記の木簡（書くこと自体に目的がある木簡。習書・落書木簡）という新しい分類です。

ここでさらに興味深いのは、これらが木のもつ三つの特性とリンクしていることです。意思伝達は、何度でも再利用できるという反復性に、属性表示は丈夫で壊れにくいという堅牢性に、文字表記は身近に手軽に入手できるという簡便性に対応しています。

古代の人びとは、木のもつこれらの特性を熟知したうえで、墨書素材として木と紙を用途に応じて自在に使い分けていたのです。

（渡辺晃宏）

26 まじないの意味を探る

木簡は、過去の人びとがゴミとして捨てたもの、といわれます（本書「はじめに」、Ⅱ-9、Ⅲ-16など参照）。ほとんどの木簡はそのとおりなのですが、なかには、意図して埋められたり、伝えることを願ったりしたものも存在しています。本節では、ゴミとして捨てられたわけではない木簡について、紹介します。

写真に掲げた木簡には、文字以外に、符籙《ふろく》とよばれるまじないの符号が記されています。いわゆる呪符《じゅふ》木簡です。ただ呪符木簡は、文書、荷札・付札《つけふだ》、その他に大別される木簡のなかで、その他に分類される場合が多いことからもわかるように、木簡研究の中心ではありませんでした。しかし私は、この分類には疑問を感じています。少し具体的に考えてみましょう。

「私は、あなたを愛しています」と記した木簡は、お手紙の木簡とされ、文書木簡に分類されます。それでは、「私は、病気を治してもらいたい」と記した木簡はどうでしょうか。こうした祈りや願いを記した木簡は、相手が人間ではなく神仏を対象としていることが多く、さらに文字以外にまじないの符号などが記されていることも多いため、呪符に分類されています。病気を治してほしいという念《おも》いと愛しているという想い。そう考えるならば、呪符は、人びとの究極の意思を、（神仏に対して）記したものと言えます。その意味では、文書木簡の仲間に加えるべきでは

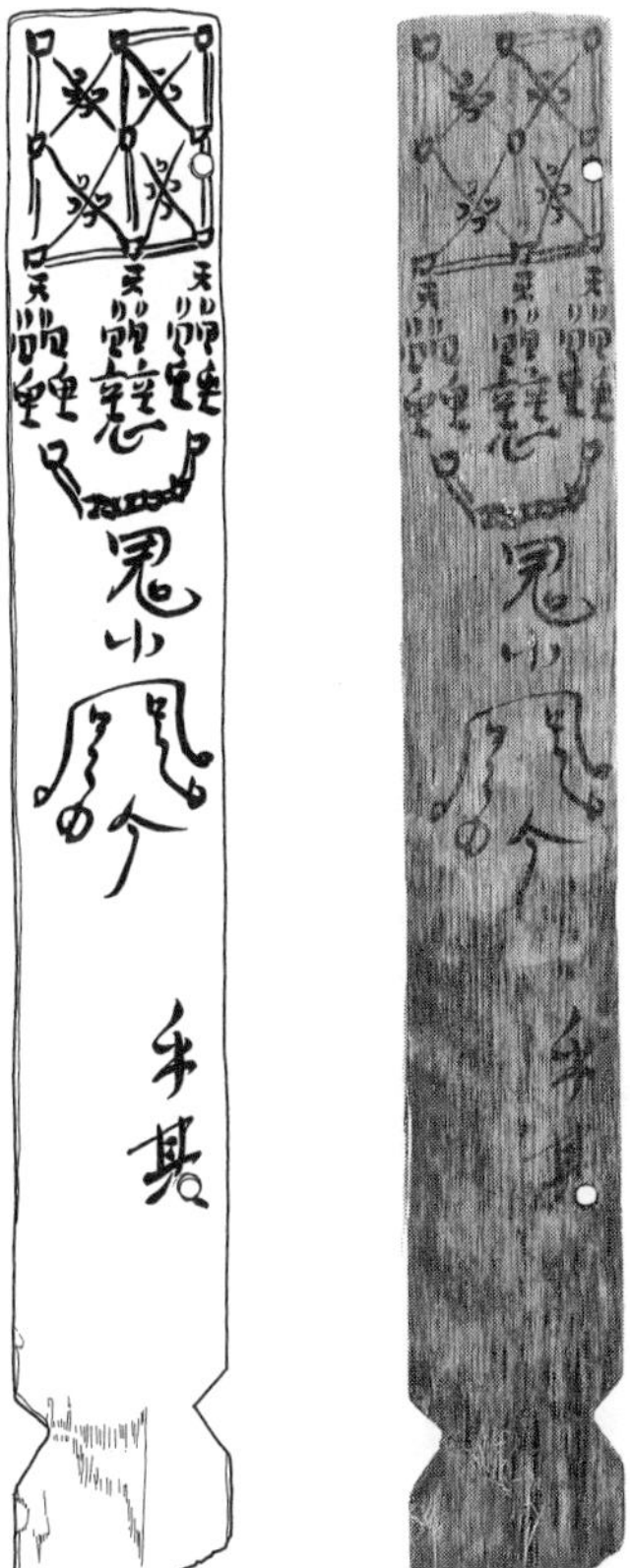

(38.8 cm)

藤原宮跡の井戸の埋め戻し土から出土した呪符木簡

ないかと考えます。

ところで、呪符の登場は、日本で木簡が出現した七世紀にさかのぼります。八一頁の呪符は、藤原宮跡の井戸の埋め戻し土から出土しました。一番上の符号は、中国古代の書物にみえる治水にかかわる符号に似ているとの指摘があり、水の神へのメッセージとみられます。井戸の祭祀《さいし》か、あるいはこの地の治水にかかわるものなのでしょう。

しかし、この呪符のように、符号の内容と出土状況からそこに込められた意味が推測できる事例は、けっして多くはありません。まじないの符号の意味は多くの場合難解で、その意味するところは、出土状況や後世の史料を参考にしながら総合的に判断する必要があるのです。写真の木簡も、二つめから下の符号の意味はよくわかりません。

呪符を記した人物の多くは、その名も伝わらず、歴史の表舞台に登場することもなかったのでしょう。ただ彼らが、心の奥底からわき上がる強い願いを、呪符やまじないの符号に込めたことは推測するにかたくありません。彼らが何に祈り何を願ったのか。呪符木簡に接しながら、私には、その素直な心を理解することはほとんどできないでいるのですが、それは、一三〇〇年という長いときを経たが故ではなく、おそらく不勉強の言いわけに過ぎないのでしょう。呪符木簡の解読を通じて、古代びとの思いを理解できる日が来るよう、日々研鑽《けんさん》を積みたいと思います。

（山本　崇）

27　薄板に書かれた「こけら経」

前節でとりあげた呪符《じゅふ》木簡に続き、本節でも、ゴミとして捨てられたわけではない木簡について、紹介したいと思います。

八四頁の写真の木簡は、厚さ一ミリにも満たないごくごく薄い木片に文字が記されたもので、こけら経といいます。漢字で書くと「柿経《こけらきょう》」(「柿《かき》」とは別字)で、柿は木を削った削屑《けずりくず》あるいは木の薄板のこと。新築改装後初めての興行を「こけら落とし」といいますが、この言葉は、工事の最後に屋根などの「こけら」を払い落としたことに由来するそうです。

こけら経は、平安時代末の史料に現れ始めます。よく知られた例は、養和元(一一八一)年、平資盛《たいらのすけもり》の夢想によって、こけら葉に般若心経《はんにゃしんぎょう》千巻を書いて供養し、これを俵《たわら》に納めて流したというものです。写真のこけら経(八四頁㊨)は、一九七四年に現在奈良市役所のある場所の発掘調査で見つかった室町時代頃の佐保川《さほがわ》旧流路の洪水堆積《たいせき》から出土しました。ほぼ同じ形状の木簡が約九五〇〇点、近くからも約一万点見つかっています。

現在まで、こけら経は、青森県から福岡県までの八〇カ所以上の遺跡から出土しており、その数は一一万六〇〇〇点余り。中世以降の木簡一四万九〇〇〇点の八割近くを占め、その圧倒的多数はこけら経なのですが、事はそう単純ではありません。

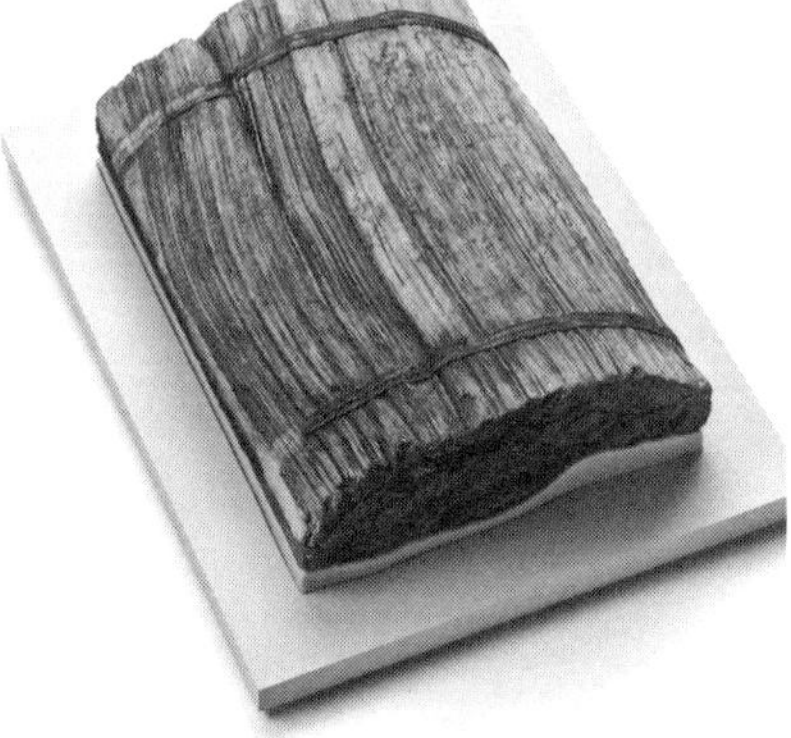

㊨ お経を記した「こけら経」

㊧ 清洲城下町遺跡から出土した，俵状に竹のタガをはめて束にしたこけら経(上)と，その側面に記された永享の年号の残る願文(赤外線写真)(下)

〈左 2 点の写真提供＝清須市教育委員会〉

こけら経を書写するとき、どれだけの木簡が必要になるでしょうか。もっともポピュラーな法華経で考えてみると、その文字数は六万九〇〇〇文字を超えます。お経は一行一七字で記すのが一般的なので、割り算すると、片面のみだと四〇〇〇枚、両面に文字を記しても二〇〇〇枚以上が必要です。お経を一セット写すと、大量の薄板が必要になるのです。

それだけではありません。こけら経が一セットそのまま見つかることは稀なのですが、この薄板は、地中に埋もれている間にバラバラに割れてしまいます。掲載した写真は、一八片の小さな破片を、あたかもジグソーパズルのように並べた結果です。接続が解明された結果、一八点の木簡は一点になりましたが、接続前には小さな破片をそれぞれ一点と数えていました。

近年、愛知県の清洲《きよす》城下町遺跡から、俵状に竹のタガをはめて束にしたこけら経が、そこから離れバラバラになった二三〇〇点余りの破片とともに出土しました(写真㊧)。その半分は原形をとどめており、驚くべきは、束としてまとめた側面に願文《がんもん》や永享一一(一四三九)年という年号が記されていたことです。ひとまとまり一点のこけら経の束は、当時の姿とその時期を伝えてくれたのです。

こけら経は、追善供養《ついぜんくよう》にかかわり作成されたらしく、あるいは未来に伝えるために奉納されたり、あるいはあの世を意味する彼岸《ひがん》へ届けるため河川に流されたりしたものとみられます。それが、長い歳月を経て、恐らくは発願した人びとの願いに反して地中に埋もれたもの。お経のひと文字ひと文字に、人びとの祈りを見て取ることもできるのではないでしょうか。

（山本　崇）

木簡の定義は、①発掘調査で出土したこと、②木であること、③墨などで文字が記されること、の三つとされます。時代や地域、用途などは問われません。そのため、実際にはさまざまなものが含まれます。

変わった木簡の例としてよく挙げられるのが、将棋の駒です。伝世品は木簡とは認められませんが、発掘調査で見つかれば、墨書のある木製品である将棋駒は、立派な木簡となります。

近年、奈良県立橿原考古学研究所による興福寺旧境内（奈良市）の発掘調査で、一一世紀末に遡るとみられる「酔象」と書かれた駒が出土し、注目を集めました。酔象は現在の本将棋にはない駒ですが、鎌倉時代以降には広く行われていたことが知られる大将棋や中将棋など（いずれも升目や駒数が本将棋よりも多い）で用いられたとのこと。謎のベールに包まれた平安時代の将棋の実態に迫る、貴重な発見です。

明治時代のものですが、奈文研の発掘調査でも、一風変わった将棋駒が見つかっています。出土したのは、平城京の東端に位置する、旧大乗院庭園（奈良市）の跡地。明治時代の漆喰製の水槽から、約二〇点がまとまって見つかりました。この駒の面白いところは、片面に「飛車」「角行」「金将」「桂馬」など一般的な駒名が書かれるのに対し、反対面には「中将」「少将」「大

(2.6 cm)

㊤ 興福寺旧境内出土の酔象の駒
〈写真提供＝奈良県立橿原考古学研究所〉

㊦ 旧大乗院庭園出土の軍人将棋に転用された駒．上右(表)角行(裏)中将(2.6 cm)，上左(表)金将(裏)中将(2.6 cm)，中右(表)飛車(裏)少将(2.8 cm)，中左(表)金将(裏)少将(2.6 cm)，下右(表)(不明)(裏)大佐(2.3 cm)，下左(表)桂馬(裏)中尉(2.1 cm)

佐」「少佐」「大尉」「中尉」といった、軍人の階級が記されていることです。

どうやら、通常の将棋の駒を、二次的に軍人将棋の駒に作り替えたようなのです。軍人将棋(行軍将棋とも)は日清・日露戦争期に詰め将棋から発展したものとされ、審判役を置くなど、通常の将棋とはかなりルールが異なります。のちには「タンク」(戦車)や「ジェット機」などの駒も加わり、時には「原爆」といった駒が入ることもあったそうです。

大乗院は、一一世紀末に創設された興福寺の門跡《もんぜき》の一つ。往時は相当な権勢を誇りましたが、時代の流れの中で徐々に勢力を失い、一八六八(明治一)年の神仏分離令によって一八六九年に消滅。その後、跡地は小学校になりました。なお、調査では、小学生たちが勉強に用いたとみられる石版《せきばん》の枠木なども出土しています(墨書があるため、これも木簡です)。

将棋駒も、この小学校に関連する遺物と考えられます。軍人将棋に熱中する、明治時代の小学生たち――今に至るまで途切れず積み重なった歴史こそが、奈良を古都たらしめる所以です。この駒たちは、そんな奈良の歴史の重層性を象徴する木簡といえるでしょう。

ただし、これらの駒たちは、とくに軍人将棋としての文字の一部が橙《だいだい》色を呈し、墨ではない塗料で書かれている可能性があります。厳密には、木簡の定義③の「墨書」に抵触するかもしれないのです。

ですが、現在では、朱書《しゅしょ》や刻書《こくしょ》によるものも木簡と認めるのが一般的です。この駒たちも、堂々と「木簡」と名乗ってよいでしょう。

(山本祥隆)

V 木簡を深読みする

29 ブランドワカメは昔も今も

日本古代に木簡を使ったのは、けっして紙がなかったから、貴重だったからではありません。木と紙の良いところをそれぞれに活かし、使い分けていたのです。

木に書いた文字は、不要になったらナイフ(刀子《とうす》)で削り取ってしまえば、何度でも新品として再利用できます。ところが紙はそうはいきません。紙に書いた文字は、どんなに上手に消しても跡が残ります。ですから、保管が必要で改竄《かいざん》されたら困るようなものは紙に書いて残し、当座の指示やメモでよいものは木に書く、というわけです。

一方で、木には紙に比べて耐水性があり、丈夫で壊れにくいという特性があります。これを活かした使い方が、荷札《にふだ》やラベルとしての利用でした。古代の租税のうち、絹や布などの繊維製品には、納税者名や品目・数量、日付などをじかに書き入れることになっていました。しかし、米や塩、あるいはさまざまな海産物などには直接書くわけにはいきません。そこで活躍したのが木簡です。

発掘で見つかった租税の荷札木簡を調べると、当時の日本のどの地域からどんな物品が納められたか、言い換えれば、各地の特産物の一端が明らかになります。

たとえば、地域の偏《かたよ》りが顕著なものとしては、志摩国《しま》(今の三重県の志摩半島)と安房国《あわ》(千葉県南

(22.1 cm)

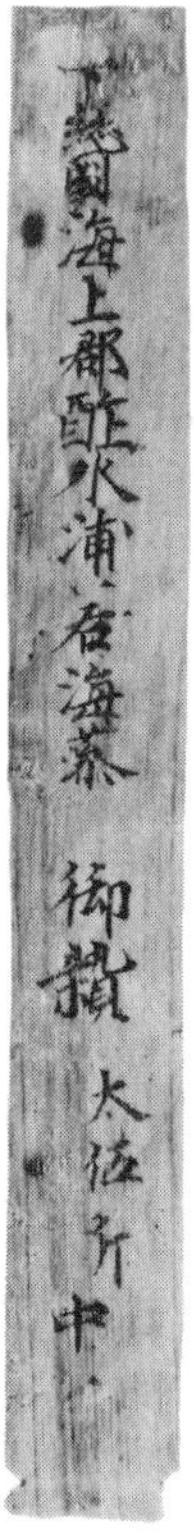

(20.2 cm)

(19.0 cm)

ブランドワカメの荷札木簡．右から，阿波《あわ》国牟屋海《むやのうみ》，下総《しもうさ》国酢水浦《すみずのうら》，常陸《ひたち》国酒烈埼《さかつらざき》．右端の木簡は，荷物に括り付けるためのひもが残る珍しい例でもある．

部)のアワビ、駿河《するが》国(静岡県中部)や伊豆《いず》国(静岡県東部の伊豆半島と、東京都の伊豆諸島)のカツオ、能《の》登《と》国(石川県の能登半島)のイリコなどがあります。

もう少し広範囲で収穫・生産されたものに、海底の岩場で生育するワカメがあります。木簡には「海藻」あるいは古くは「軍布」として登場し、いずれも当時は「メ」と読んだようですが、これが今のワカメのことです。山陰地方や志摩半島のほか、関東や北陸、瀬戸内からも届けられていました。

その中に「若海藻」と書いたものがあります。若いワカメということですから、走りのワカメの新芽の柔らかい部分なのでしょう。また、これらの多くには、国・郡の行政地名のほか、固有の地名が記されています。阿波《あわ》国板野《いたの》郡牟屋海《むやのうみ》、上総《かずさ》国夷灊《いしみ》郡土茂浜《ともはま》、下総《しもうさ》国海上《うなかみ》郡酢水浦《すみずのうら》、常陸《ひたち》国那賀《なが》郡酒烈埼《さかつらざき》、因幡《いなば》国気多《けた》郡水前《みさき》、伯耆《ほうき》国河村郡屈賀前《くつがさき》、長門《ながと》国豊浦《とよら》郡都濃嶋《つのしま》などで、これらは産地明記の、いわば、ブランド物のワカメと言えるでしょう。

興味深いのは、阿波国板野郡牟屋海が今の鳴門《なると》地域にあたるように、これらの八世紀のブランド物ワカメの産地の多くが、今でもワカメの産地として名高いことです。また、因幡国気多郡水前と伯耆国河村郡屈賀前は今の鳥取県中部の隣接する地域で、現在、山陰で唯一、海女《あま》さんが活躍している地域として知られる夏泊《なつどまり》海岸の近くです。昔も今も良質のワカメが採れる地域は変わらないのです。

(渡辺晃宏)

30 韓国アワビに聖武の思い

前節で紹介したように、志摩半島と房総半島南部は、古代のアワビの特産地でした。とくに志摩産のアワビは珍重され、御取鰒《みとりあわび》(熨斗《のし》アワビ)、玉貫鰒《たまぬきあわび》(すだれ状に束ねた熨斗アワビ)、焼鰒《やきあわび》、滑海《かち》藻《め》纏鰒《まといあわび》(滑海藻が巻き付いたアワビ)、腸蒸鰒《はらわたむしあわび》(はらわたを蒸したアワビ)、宇《う》尓拼作《にあわせつくり》鰒(ウニとあえたアワビ)など、一口にアワビといっても実に多彩です(アワビは「鮑」とも書き、ときには今ならマムシを意味する「蝮」でアワビを示すこともあります)。

その中にわずか一点ですが、「耽羅鰒《たんらあわび》」というのがあります。「耽羅」は、タンラあるいはタムラ、韓国の済州島《チェジュド》の古名です。耽羅産のアワビ、あるいは耽羅周辺に生息するアワビの種類と考えるのが自然です。しかし、志摩国の人びとが、耽羅へアワビ取りに出かけたとは考えられません。『延喜式《えんぎしき》』(一〇世紀初めに編纂された法令集)に、肥前《ひぜん》国と豊後《ぶんご》国から納める調《ちょう》の品目に、「耽羅鰒」が見えます。これらの地域ならば、耽羅産と同種のアワビの生息もあり得ますが、志摩国はもちろん、他国の貢進物には耽羅鰒は見えません。

耽羅は百済《くだら》(ペクチェ)に属していましたが、六六〇年に百済が滅亡すると、短期間ですが独立を模索した時期があります。そして対外的に日本を名乗る前のわが国へも、何度か使者を送ってきました。とくに天武《てんむ》朝には、日本から耽羅への使者も派遣されましたが、まもなく新羅《しらぎ》が朝鮮

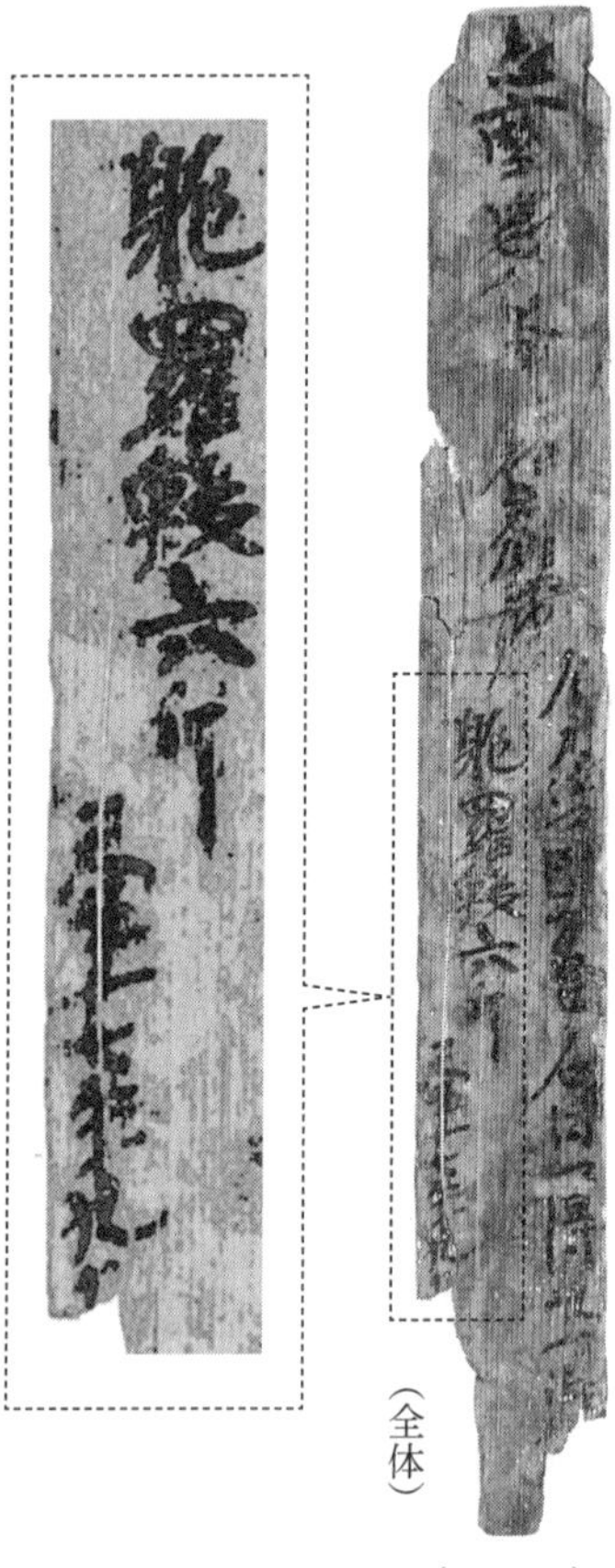

躭（耽）羅 鰒 六 斤

（部分）

（全体）

(28.3 cm)

耽羅アワビの荷札木簡

半島を統一すると、耽羅と日本の交流の表だった動きはなくなります。

耽羅鰒の木簡は七四五(天平一七)年のものです。実はその直前の時期に前触れのように突然現れる耽羅に関する記述が、正倉院《しょうそういん》伝来の七三八(天平一〇)年の周防《すおう》国正税帳《しょうぜいちょう》(地方の財政決算報告書)にあるのです。それによると、七三八年一〇月二一日、今の山口県東部の周防国を、漂着したとみられる「耽羅嶋人廿一《にじゅういち》人」が長門国の郡司《ぐんじ》に率いられて通過して食料支給を受け、平城京へ向かったようなのです。

この記録にこそ、その七年後のわずか一点の「耽羅鰒」の謎を解く糸口がありそうです。つまり、都を訪れた耽羅人が耽羅特産のアワビを平城京にもたらしたか、彼らの登場が耽羅鰒を記憶に呼び覚ましたか。その鮮明な印象が、耽羅産と称するアワビを志摩国が貢進する契機になったのではないでしょうか。

そもそもなぜ漂着した耽羅人を平城京に呼んだのか。藤原四子政権(武智麻呂《むちまろ》、房前《ふささき》、宇合《うまかい》、麻《ま》呂《ろ》)を瓦解《がかい》に追い込んだ、新羅から蔓延《まんえん》したという天然痘《てんねんとう》の流行の記憶も新しい時期のことです。私はそこに聖武《しょうむ》天皇(七〇一―七五六)の強い意思を読み取りたいと思います。彼が曽祖父天武天皇(?―六八六)の足跡を辿るように恭仁京《くにきょう》に赴《おもむ》いたことはよく知られています。曽祖父の時代に交流のあった耽羅人漂着の知らせに、彼らとの謁見《えっけん》を思い立った、聖武天皇ならばあり得ないことではないと考えるのです。

(渡辺晃宏)

31　文字の形は時代を語る

果たして木簡の文字が、時代を語ることはあるのでしょうか。一九六一(昭和三六)年に平城宮跡で最初の木簡が発見されて以来、木簡の出土点数は現在では四六万点を超え、研究も大きく進展し、多くのことがわかってきました。木簡は何より当時の人びとの肉筆をそのまま残しており、字の研究でも注目され、木簡の字の情報の蓄積により、字の形が時代や地域によって違うということも見えてきたのです。

地域によって書風が異なるということはすでに紹介されています(本書I－2参照)が、本節では、時代によって木簡に書かれる字の形が違う、つまり、木簡の字の形の時代差についてご紹介します。

日本の木簡のなかで、古代木簡は約七割とされますが、中でももっとも多いのは八世紀の平城宮・京跡で出土した木簡で、その次が飛鳥《あすか》地域、藤原宮・京跡の木簡となります。この二つの木簡群に書かれている字を比べると、大きな違いが見られます。

たとえば、「阿」や「湯」などの偏《へん》と旁《つくり》からなる字は、七世紀の飛鳥地域、藤原宮・京木簡では左右のバランスが崩れた形で書かれることが多いですが、八世紀の平城宮・京木簡では右肩上がりの、我々が見て均整がとれていると思えるバランスで書かれることが多いです。

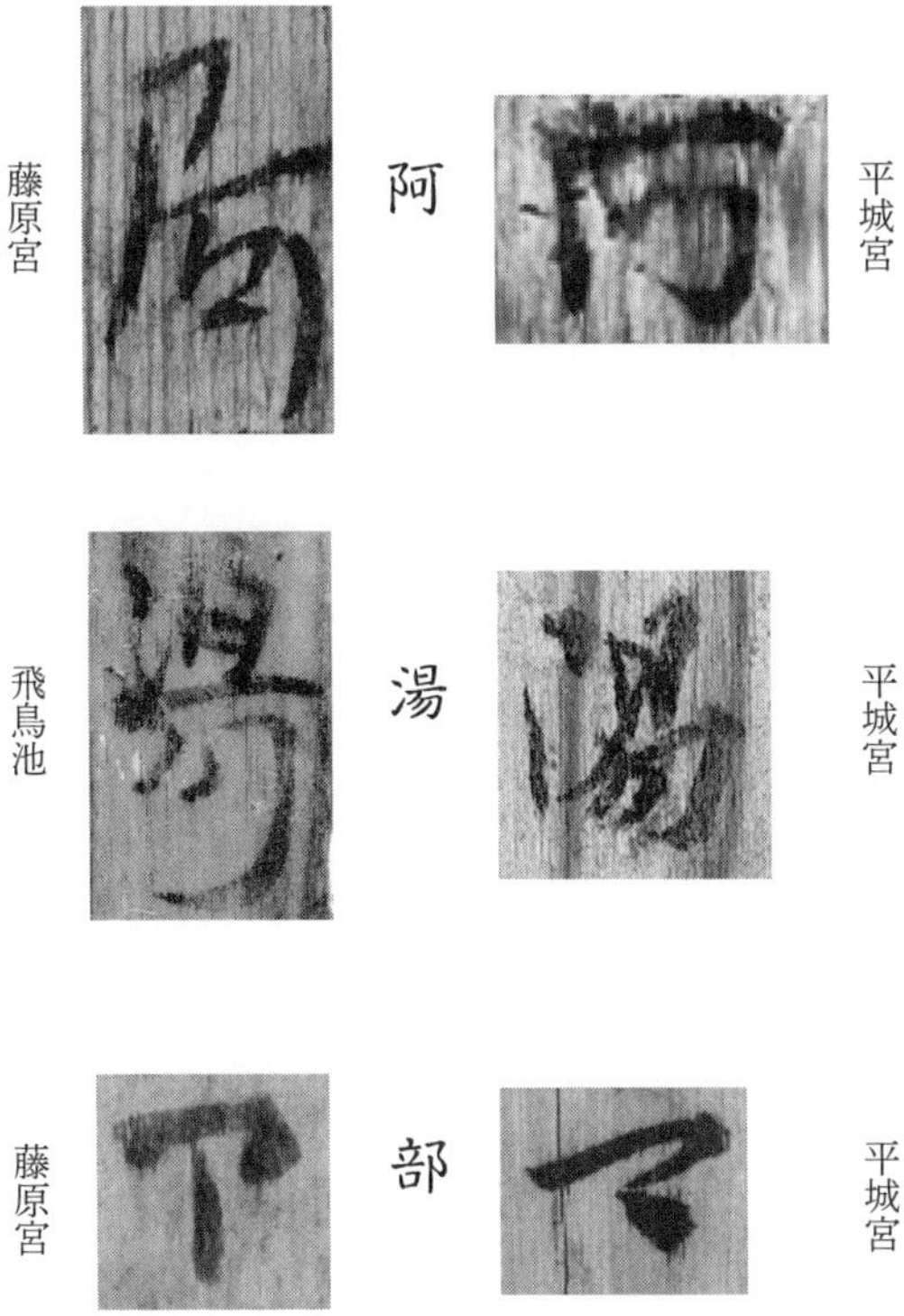
藤原宮
阿
平城宮
飛鳥池
湯
平城宮
藤原宮
部
平城宮

木簡の漢字の比較図

図をご覧ください（写真の左右は出土地）。「阿」の場合、左の藤原宮木簡は、旁の「可」がコザト偏に比べてかなり低い位置に書かれており、アンバランスな印象を受けます。それに対して、右の平城宮木簡の「阿」は、「可」の部分が少し崩れた形になってはいるものの、違和感のない、均整のとれた形で書かれています。

「湯」も同様なことが言えます。飛鳥池遺跡から出土した左の例をみると、サンズイが旁の上半分の位置にとどまっているのに対し、右の平城宮木簡の例は、旁の左側にバランスよく書かれ、不均衡さを感じません。

また、氏族名の「部」は、七世紀の木簡においては旁を省略して「ア」のような形で書かれていますが、八世紀になると「ア」の二画目を短くして「マ」のような形で書かれるようになります。なお、正字である「部」の形で書かれるようになるのも八世紀の奈良時代からです。

このように、時代が七世紀から八世紀に進むにつれて、字の形が変わるといった例は他にもあり、ここですべて挙げることはできませんが、このような例を蓄積すれば、他の文字資料の時代判定の指標とすることができます。

では、どうしてこのような変化が起きるのでしょうか。これは、一言で言えば、七世紀の段階では朝鮮半島の文字文化の影響を受けていたのが、八世紀になると、遣唐使を通じて中国からの文字文化が直接持ち込まれるようになるからだと言われています。

木簡の字の形は、時代だけでなく、文字が入ってきたルートも語るのでした。

（方　国花）

32　役人と薪の意外な関係

一〇〇頁の写真の木簡には、「民部省　進薪壱伯荷……」と書かれています。現状で三〇センチ以上の長さがあります。上端は元の形のままですが、左辺は割れて文字が切れています。下端も欠けていて、さらに文字が続きそうなので、元はもっと長く幅のある木簡だったと思われます。内容は「民部省《みんぶしょう》が薪《たきぎ》を一〇〇荷進上《しんじょう》します……」というもの。役所が薪を進上することは、古代においてどんな意味をもつのでしょう。

薪の進上と聞いて思い浮かぶのが、正月一五日に行われた御薪《みかまき》という儀式です。すべての役人が宮中に薪を献上しました。最初に行われた御薪は天武天皇四(六七五)年正月三日で、翌年から一五日に日を変え、恒例となります。進上された薪は宮中の燃料となります。

平安時代には、御薪の儀式は宮内省《くないしょう》で行われました。そこには現物の薪はなく、各役所から「〇〇荷、納めます」と書かれた札が集められ、その札で儀式が進行します。薪はすでに内裏《だいり》の消耗品を管理する役所に納められていて、儀式が終わったのちに薪の量を確かめて、宮中に配分していました。

進上する薪の量は、令《りょう》の規定で役人の位ごとに決まっています。一位が一〇担(荷)、二位と三位が八担、四位が六担、五位が四担、六位から初位までが二担、位をもたない無位が一担です。

表　民部省の役人と進上する薪の数

民部省の官職	位階	人数	1人当たりの薪の数（荷）	薪の数×人数
卿	四位	1	6	6
大　輔	五位	1	4	4
少　輔	五位	1	4	4
大　丞	六位	1	2	2
少　丞	六位	2	2	4
大　録	七位	1	2	2
少　録	八位	3	2	6
その他	無位	72	1	72

（合計 100 荷）

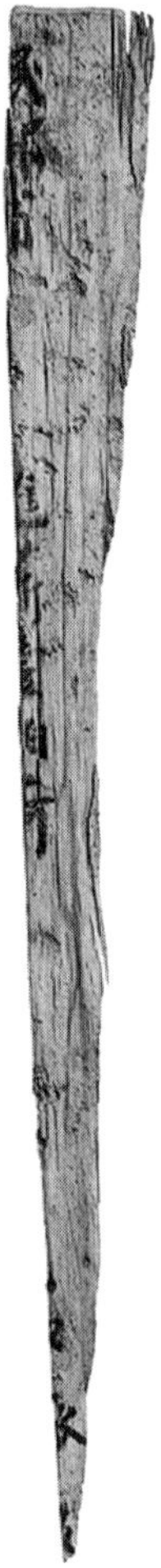

(34.6 cm)

「民部省　進薪壱伯荷」などと記された木簡

表には民部省の官職と相当する位階、人数、位階ごとの薪の量を示しました。合計がちょうど一〇〇荷となり、木簡の記載と合致します。一荷は薪二〇本をまとめたものなので、一〇〇荷だと薪二〇〇〇本が納められたことになります。

しかし、官位相当が守られているとは限りません。奈良時代半ば頃の民部省の長官(卿《かみ》)や次官(輔《すけ》)の位階をみると四位や五位がほとんどですが、たとえば、民部卿の藤原房前《ふじわらのふささき》が三位、民部大輔の橘奈良麻呂《たちばなのならまろ》が四位であった時期があります。この二人の在職中は薪の合計が一〇〇荷を超えたのでしょう。

この木簡は、平城宮の内裏の北に造られた大きな土坑《どこう》SK八二〇(本書Ⅱ-9参照)から出土しました。七四五(天平一七)年五月に聖武天皇が恭仁京《くにきょう》から平城京に還都した際に掘られた土坑で、七四七(天平一九)年頃までの短期間にゴミ捨て穴として使用され埋められたようです。七四六年と七四七年の正月一五日にはどちらも卿は四位、大輔は五位でしたので、薪の合計は一〇〇荷です。この二年に民部省が薪一〇〇荷を進上することは、残された史料からもゴミ捨て穴の埋まった時期の推定年代からも矛盾しません。

遺構の性格と文献資料を手がかりに、御薪に関わる木簡かもしれない、と考えてきました。推測の域をなかなか超えられませんが、必要以上に立派な材に悠々と書かれた文字を見ていると、薪進上の事務用に使い捨てられた木簡とは思えません。やはり儀式に関わって使用された木簡ではないか、と思うのです。

(藤間温子)

33　古代米は赤米？

「古代米」ブームを背景として、博物館や学校教育の現場で、あるいは地域おこしの素材として、栽培された赤米《あかまい》や紫黒米《しこくまい》をよくみかけるようになりました。地産品を取り扱うお店でも、「古代米」は人気商品の一つだそうです。

ただ、現在目にする赤米や紫黒米は、けっして古代の米そのものではありえません。厳密な意味での古代米は、発掘調査で遺跡から出土した古代の炭化米や平安時代の仏像の胎内《たいない》から発見された古代の米そのものであり、現在私たちが食する「古代米」は、古代の米ないしイネがもっていたと推測できる特徴を伝える品種、程度の意味だと考えておくべきでしょう。

さて、古代の木簡には、赤米や黒米の記載がみえます。現在のところ、年代の明らかな最古の赤米木簡は、奈良県明日香《あすか》村の飛鳥京跡苑池《あすかきょうあとえんち》遺構から出土した、戊寅《ぼいん》年（天武天皇七年＝六七八年）の荷札です。尾張《おわり》国海評《あまのこおり》津嶋《つしま》五十戸（現在の愛知県津島市周辺）から、搗《つ》いた赤米を納めたものです。天平六（七三四）年度の尾張国正税帳《しょうぜいちょう》に、酒造りのため赤米八〇石を大炊寮《おおいりょう》に送ったとみえ、さらには、平城宮跡から出土した赤米荷札は、酒造りを担当する造酒司《ぞうしゅし》の周辺から集中して出土していることから、酒米として用いられたと考えられています。

一方、黒米の木簡も、都のほか全国各地から出土しています。「白米」とならんで出てくる木

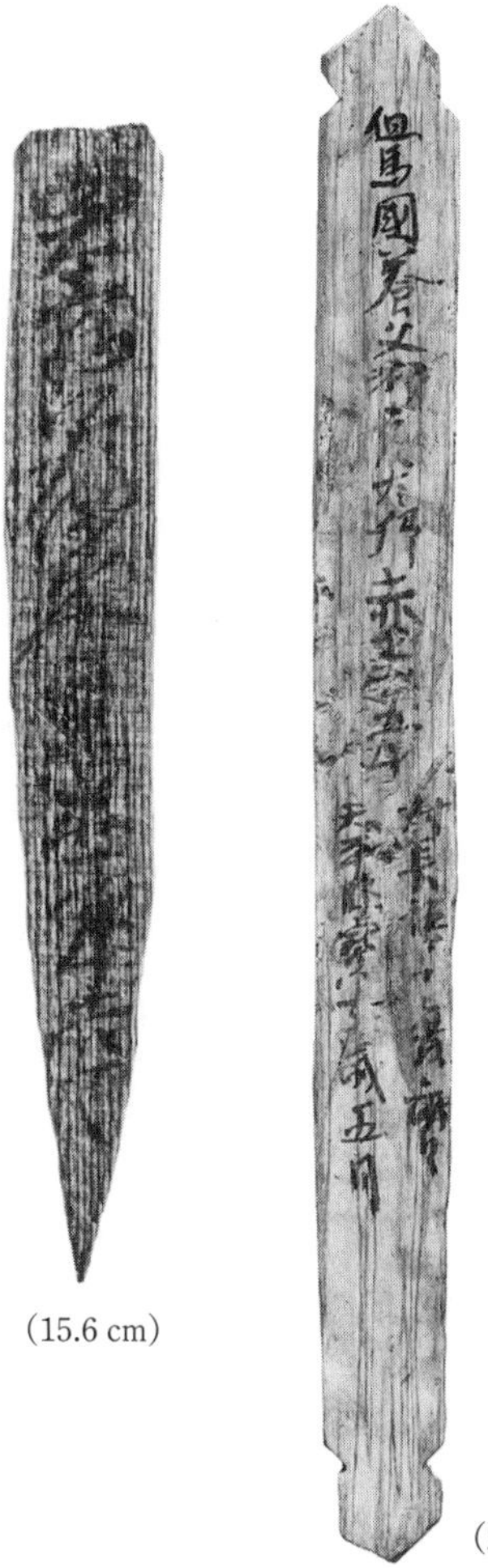

(15.6 cm)

(27.7 cm)

㊨「但馬国養父郡老佐郷赤米五斗」などと記された木簡
㊧「西大赤江南庄黒米五斗吉万呂」と記された木簡

簡もあり、いわゆる紫黒米のような黒色の米とみる理解もあるのですが、これに対して玄米のことみる理解もあり、意見が分かれています。

ところで、古代の赤米には、よくわからないこともあります。古代に広くみられた赤米品種は、籾《もみ》と米粒の表皮に赤い色素があり赤くみえるのですが、その多くは精米すると剝落《はくらく》するともいわれています。古代の酒はとくに赤い色をしていたわけではなさそうなのですが、そもそもなぜ赤米を酒米に選んだのか、どんな味だったのかなど、酒を嗜《たしな》む私としては、大変気になるところです。

もう一つは、古代の田のイメージです。古代の米は赤米なので、秋の収穫前の田は燃えるように真っ赤であった、という類の記述をみかけることがあります。たしかに、赤米は、籾の先端に生える芒《のぎ》が長く、真っ赤です。そして野生種のイネのほとんどが赤米であることから、そのように考えられてきたのでしょう。

ただ、古代の米は、すべてが赤米であったわけではありませんし、ましてや赤米に古代の米を代表させるには、出土する米の木簡に占める赤米木簡の割合はあまりにも少ないように思います。古代における赤米の作付けは、もちろん事実なのですが、その割合までは残念ながら明らかにすることはできません。

私たちになじみの深い米のことでも、その実状は意外にわからないことが多く、今後の資料の増加に期待します。

（山本　崇）

34　記されなかった年代を探る

佐久島《さくしま》、篠島《しのじま》、日間賀島《ひまかじま》は、三河《みかわ》湾に浮かぶ自然豊かな島々です。タコ、フグやシラスなどの海産物に恵まれ、多くの人びとが訪れる人気の観光地の一つとして知られています。これらの三島は、古代には、析嶋《さくしま》、篠嶋《しのじま》、比莫嶋《ひまかじま》としてみえ(以下、参河三嶋《みかわさんとう》)、日本古代史、あるいは木簡を学ぶ私たちにとって、おなじみの嶋と言えます。「参河国播豆《はず》郡篠嶋海部《あまべ》供奉《ぐぶ》正月料御贄《みにえ》須々岐《すずき》楚割《すわやり》六斤」「参河国播豆郡析嶋海部供奉二月料御贄佐米《さめ》楚割六斤」。参河国播豆郡の嶋に属する海部が、月ごとの贄《にえ》(天皇の食材)としてサメやスズキ、タイなどの楚割(細く切って干した物)を貢納した木簡です。

播豆郡からの贄の荷札《にふだ》は、断片も含めて一二〇点余りが知られています。そのうち、奈良時代の荷札は、諸国の調庸《ちょうよう》や贄の荷札と異なる、次のような顕著な特徴をもちます。国郡里(郷)ではなく三嶋の海部を貢納主体とすること、個人名はほとんど現れないこと、一点の例外を除き貢納した年を記さないこと。さらには、かつて奇数月は篠嶋、偶数月は析嶋による貢納というシステマティックな傾向が指摘され、「海部」という律令制度以前の政治システムを思い起こさせる集団による貢納が、古くからの贄貢納のあり方を残しているともみられてきたのです。

このタイプの荷札は、一九六三年に平城宮内裏《だいり》北外郭の土坑ＳＫ八二〇から初めて出土し、ご

参河国播豆郡析嶋海部供奉六月料御贄佐米楚割六□〔斤カ〕

(28.6 cm)

参河国播豆郡篠嶋海部供奉七月料御贄佐米楚割六斤

(28.4 cm)

参河国播豆郡析嶋海部供奉八月料御贄佐米楚割六斤

(29.7 cm)

く早い時期の荷札研究を進める事例として注目を集めました。さらに平城宮跡内や、二条大路《にじょうおおじ》木簡の出土により点数が増えたことをうけ、飛躍的に解明が進みました。現在では、比莫嶋が貢納を分担する場合があったこと、こうした一見古い要素を残している贄の貢納が、実は大宝二(七〇二)年の持統《じとう》太上天皇の参河行幸を契機とした、「造られた伝統」であったこと、などを明らかにしています。

貢納した年を記さないという特徴、これは、歴史研究にとっては致命的な障害と言えます。とはいえ、そもそも参河三嶋からの贄は干物で、それほど長く保管できるものではありませんから、何とか年代を絞り込みたいところです。先学により、同筆異筆の関係や木簡の製作技法を手がかりに、職人的な目利きを駆使した検討も試みられてきました。

私たちは、より客観的な指標はないものかと考え、年輪年代学の方法を応用して(本書Ⅶ-46・47・48・49参照)、同一材からつくられた荷札のセットを複数見つけることができました。これらのセットは、同じ年の荷札であるとみられます。

こうした木簡そのものの情報に加え、出土した遺構の年代などを総合的に判断した結果、たとえば天平六(七三四)年か七年のいずれかに絞り込めるものや、きわめて特殊な事例では、天平一八年正月に特定できるものなど、「年を記さない荷札」の年代が明らかになり始めています。

(山本　崇)

35 都の外の荷札は何を語るか

平城宮跡を始めとする都城遺跡からは、税として納められる品物に付けられた荷札《にふだ》木簡が多数出土しています。全国各地から調《ちょう》や庸《よう》などの税目によって、さまざまな物が都に納められました。貢進者名や税目、品目などを書いた荷札が付けられていましたから、都城遺跡から荷札が出土するのは当然のことです。平城宮と平城京からは、北は陸奥《むつ》(東北地方)から南は薩摩《さつま》(鹿児島県)までの荷札が見つかっています。ずいぶん遠くから、税物とともに荷札は都へと旅をしてきたのです。

ところが都以外の所からも、税の荷札が見つかることがあります。滋賀県高島市の鴨《かも》遺跡からは約四〇年前に、若狭国《わかさ》遠敷《おにゅう》郡の小丹《おにゅう》里の人が庸として出した米の荷札が出土しました。琵琶湖西岸にあたる鴨は、若狭(福井県)から平城京へ行く途中にあたります。したがってこれは都へ税を運んでいく途中で、荷から荷札がはずれて落ちたという可能性も考えられます。

別のケースもあります。かつての河内国《かわち》(大阪府東部)大県《おおがた》郡にあたる、大阪府柏原《かしわら》市安堂《あんどう》遺跡から一九八〇年代に、やはり若狭国遠敷郡野里からの調の塩の荷札(写真)や、近江国(滋賀県)浅井郡田根《たね》郷などからの荷札が見つかりました。後者は税目や品名などは記されていませんが、おそらく米でしょう。安堂遺跡は若狭や近江から見たら、平城京を越えて西に位置しますので、先の例とは違います。

（裏）　（表）

（14.2 cm）

大阪府柏原市の安堂遺跡で出土した荷札木簡．片面に「若狭国遠敷郡野里相臣山守調塩三斗」，もう一面に「天平十八年九月」とあった．〈写真提供＝柏原市教育委員会〉

この地域には河内六寺とも呼ばれる、七世紀に創建された古代寺院がありました。それらの寺名は『続日本紀《しょくにほんぎ》』に登場します。孝謙《こうけん》天皇が天平勝宝《てんぴょうしょうほう》八(七五六)歳二月に、智識《ちしき》・山下・大里・三宅・家原・鳥坂の六寺に参詣し礼仏《らいぶつ》したというのです。前日には、智識寺の南にあった行宮《あんぐう》(仮の御所)に泊まっています。孝謙天皇は同元(七四九)年一〇月にも智識寺に出かけています。智識寺は天平一二(七四〇)年に、聖武《しょうむ》天皇がその盧舎那仏《るしゃなぶつ》を礼拝したことが、大仏造営を発願するきっかけになったことで知られます。

安堂遺跡は、智識寺跡とその南の家原寺跡との中間に位置します。荷札の付いた塩や米は行幸に関係して平城宮から運ばれ、行宮の建設従事者、あるいは天皇や同行した人びとの食料となったのでしょう。安堂遺跡は智識寺南の行宮跡だった可能性もあります。

二〇一八(平成三〇)年、大阪府枚方市の船橋遺跡から、志摩《しま》国(三重県)英虞《あご》郡の海藻の荷札が出土しました。そこは河内国交野《かたの》郡に含まれますが、交野郡ではとくに桓武《かんむ》天皇がしばしば狩りを行っています。これも行幸に伴って都から運ばれたのではないでしょうか。

これらの荷札はいったん都に入った後、再びそこから旅をしたのです。都城以外の遺跡から出土した荷札は、そこが行幸に関わる場であったことを推定させる貴重な史料です。

(舘野和己)

VI

木簡からみえる古代人の日常

36 薬の荷札やラベルが語るもの

物品の貢納や保管にかかわる荷札や付札《つけふだ》は、これまでたくさん紹介してきました。本節では、藤原宮跡（奈良県橿原《かしはら》市）から出土した薬の名前を記した木簡をとりあげてみましょう。

薬の木簡は、藤原宮のいくつかの場所で出土していますが、そのうち宮の西南部、西面南門のすぐ内側にある宮の内濠《うちぼり》からもっとも多く出土しています。薬名木簡は、複数の薬名を列挙したものや、国名を伴う薬名の付札が知られており、前者は調合薬のリストらしきものや処方箋《しょほうせん》のような役割を果たしたもの、後者は薬を納めるときの荷札とみられます。「无耶志《むさし》国」（武蔵国）から桔梗《キキョウ》を貢納した荷札も知られています（写真㊧）。

それとともに、薬を保管するときに用いたラベルがまとまって出土しています。木簡に登場する薬をみてみましょう。白朮《ビャクジュツ》、地黄《ジオウ》、人参《ニンジン》、杜仲《トチュウ》、当帰《トウキ》、葛根《カッコン》、桃人《トウニン》……。西面南門の近くから出土した付札をあげてみました。古代の薬と現在の薬が同じ成分であるか否かは慎重に検討しなければなりません。その比定はなかなか難しいのですが、薬の名前が同じであることのみに注目すれば、近年、大和当帰《やまととうき》は食用から入浴剤までさまざまな商品を目にしますし、葛根湯《かっこんとう》は風邪薬としてなじみ深いものではないかと思います。

ここにあげた植物系の生薬《しょうやく》に加え、木簡には黒石英《コクセキエイ》、流黄《リュウオウ》といった鉱物の名がみえます。注目

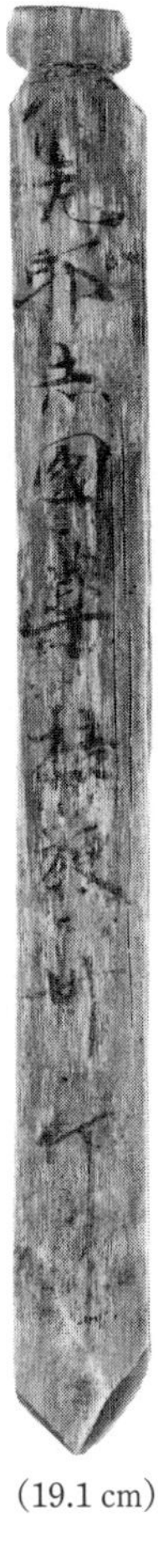

(19.1 cm)

(12.9 cm)

㊨「人参十斤」と記された木簡
㊧「无耶志国」から「薬桔梗」が送られたことを示す木簡

すべき点は、木簡と同じ内濠から、硫黄、白雲母、白石英、磁鉄鉱、琥珀《こはく》または松脂《まつやに》とみられる樹脂状品が出土していることです。出土した鉱物は薬品そのものとみられ、薬を保管した役所がこの近くにあったことを推測させます。平安宮の古絵図によると、薬を管理する典薬寮《てんやくりょう》は宮の西南部に置かれていますが、藤原宮以来、ほぼ同じ場所に薬を取り扱う役所が置かれていたことを想像させます。

薬の付札には、「蛇脱皮《ダダッピ》」なるものも出土しています。これは、漢字から想像される通りヘビ科の多種の動物の抜けがらに比定されるのですが……、いったい何に効く薬なのでしょうか。

薬は当時貴重品で、国家により独占的に集積し保管されていました。推古《すいこ》天皇の時代には薬の採集に努めた痕跡が残されていますが、集めるべき薬のリストをもとにして、計画的に集められたようです。そのリストは、中国で編集された『本草集注《ほんぞうしっちゅう》』という書物をもととしているようで、藤原宮跡から出土する木簡にみえる薬名は、ほぼ例外なくここに記されています。この書物が藤原宮の時代にすでに伝来していたことは、藤原宮跡から出土した「本草集注上巻」と記した木簡やその習書《しゅうしょ》から確実で、奈良時代末まで薬を学ぶテキストとして使用していたことも知られています。薬名木簡は、藤原宮の人びとの知識の源をみごとにあぶり出した点で、まことに意義深いものと言えます。

（山本　崇）

37 失われた大宝令を解き明かす

木簡には「子《し》曰《のたまわ》く……」から始まる論語やお経の文言など、書物の一部を書いたものがあります。正確に書き写したものもあれば、文字を練習した木簡(習書《しゅうしょ》木簡)もあります。本節では、そのなかから古代の法令を書いた木簡をご紹介します。

一一六頁右の木簡は一九六七(昭和四二)年一一月から翌年五月にかけて実施された、平城宮跡東張り出し部東南隅の発掘調査で見つかりました。厚さ一ミリの、非常に薄い短冊型の木簡です。このとき見つかった木簡には天平九(七三七)年、一〇年、一八年、一九年と記したものがあるので、同じ頃のものと思われます。そうであるなら、この木簡が使用された年代に使われていた法令は大宝令《たいほうりょう》(七〇一年成立)です。

木簡に書かれている文字を確認してみましょう。表面は「凡官奴婢《かんぬひ》年六十六以上乃」とあり、「乃」の下にも、もう一文字あります。裏面は、「家官戸《かんこ》家人《けにん》公《く》私《し》奴婢《ぬひ》皆当」と読めます。こちらも「当」の下にも文字がありそうです。

この木簡に書かれている字句の元となる文章は大宝令なのですが、実は大宝令は現在に伝わっていません。大宝令の後に養老令《ようろうりょう》(七五七年)という法令が施行されます。養老令は、その注釈を集めた書物など複数の書物からおおよその姿がわかり、この木簡に書かれた法令も復元されてい

(表)

凡官奴婢年六十六以上乃□

(裏)

家官戸家人公私奴婢皆当□

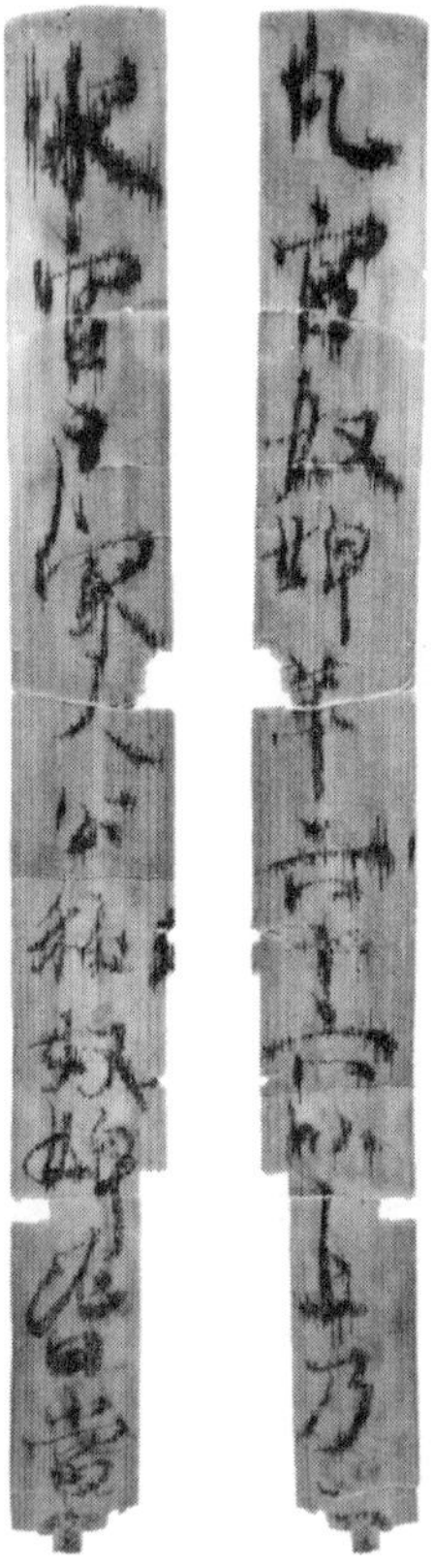

(16.8 cm)

(17.9 cm)

㊨ 大宝令がうかがわれる木簡.〈a〉凡官奴婢，年六十六以上及癈疾，……並放為良.〈b〉凡陵戸・官戸・家人・公私奴婢，皆当色為婚.〈a〉〈b〉は養老令の規定

㊧ 習書木簡の例

ます。

木簡の表面は、官奴婢(律令制が定めた天皇所有の隷属民)の身分を変更する際の規定(写真㊨〈a〉)、裏面はこれらの身分の人びとの婚姻の規定(写真㊨〈b〉)と同じ文面で、どちらも古代の隷属民の人びとに関わる法令とわかります。とすると、途切れて読めなかった木簡の文字は、法令の文章から、表面は「癈」(廃)、裏面は「色」の可能性がありそうです。

さて、この木簡の字句と、養老令の文章とを見比べてみると、ほぼ同じ字句ですが、違っている字句もあります。そこで注意したいのは、習書木簡の特徴です。写真左の木簡を見ると、同じ文字が並んでいます。「賣」(売)を書くうち、その一部の「買」や「売買」という言葉が思い浮かんだのでしょう。手本とした文章から連想される文字や似た形の文字を思いつくままに記した様子が想像されます。

写真右の木簡で、元の文章と違っている字句は、よく似た文字を書いてしまった書き間違いであるかもしれないし、そうではないかもしれません。確かなのは、大宝令の規定を元にこの木簡が書かれているということです。

書き手だった役人のかたわらには、現在みることのできない大宝令の写しが置かれていたのかもしれません。不思議な感覚ですが、この木簡を見ることで、私たちは古代人の目を通して大宝令の一部を見ているのです。

(藤間温子)

38 ずる休みの言いわけも木簡で

ここに、今を遡ること約一三〇〇年、花の平城京の一隅で起きた壮絶なドラマを秘めた、一点の木簡があります。

物品購入をして送り届ける際の添え状で、内容が購入品を進上すること、購入品リスト、それに購入価格ですから、ごくありふれた木簡に見えます。購入品は、甕《かめ》が七つ、鍋《なべ》が八つ、それに油を入れて火を灯し明かりにする「灯明皿《とうみょうざら》」が一四三枚、結構な買い物です。お代は和同開珎《わどうかいちん》一〇枚と記されており、これはなかなかリーズナブルでしょう。

事態が急展開を見せるのは、この後です。末呂さんという運搬に当たる下働きの名前を記した横に、切々たる訴えが書き込まれているのです。

「稲積は、急な腹痛で納品と報告に参れません……」

スペースが足りなくなったらしく、わずかな余白に、途中からは上下を逆にして書き込んでいます。直前までの、堂々とバランスのとれた書きぶりに比べ、なんとごちゃごちゃした文字でしょうか。まさにこの瞬間、激烈な腹痛に突如襲われたかのようです。

しかしながら、よく見ると異変はそれ以前から始まっていたようです。買い物の総数を記載する部分、正しくは「右百五十八」のところを、「右五十八」と書いています。右と百を混同した

（裏）　　（表）

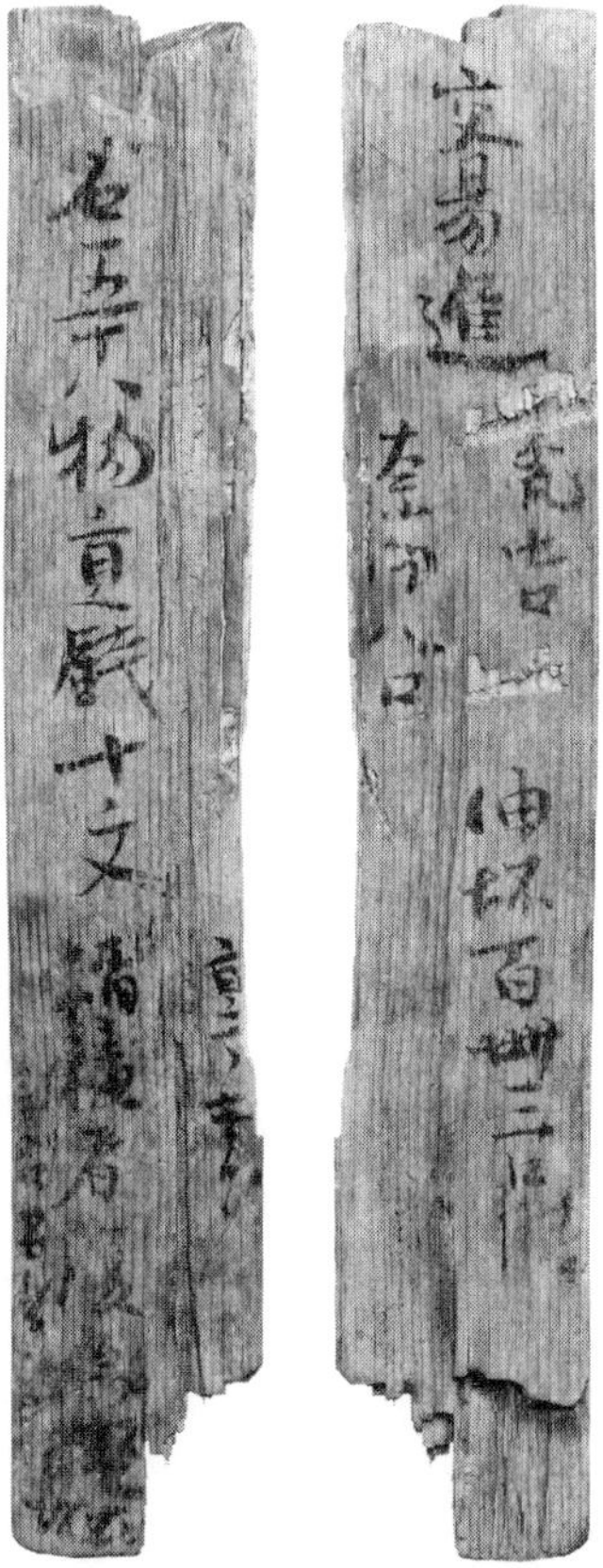

（20.4 cm）

進上状を書き終えたあと，裏面末尾の余白に，「稲積者腹急……」と言いわけが書き始められる．下端まで書いて書き切れなくなると，上下逆さまにして書き継いでいく．

か、単純に百を書き落としたか、いずれにせよ業務上あるまじきミスです。落ち着いて書いた文字のように見えますが、すでに腹痛の予兆が襲っていたのかもしれません。こうなると、総額一〇文という格安価格も、どうも怪しく見えてしまいます。

とにかく、大量の買い物を済ませ、あと少しでミッション・コンプリートというところでの腹痛。稲積さん、さぞや無念だったことでしょう。そして、この切迫した状況でも木簡を書いた姿は、責任感の塊《かたまり》というか、古代律令官人の面目躍如、と感じ入ります。

ただ、どうして運搬係に言《こと》づけを頼んで済ますことができず、わざわざ木簡に事情を書き込んだのでしょうか。「腹痛で納品について行けない場合、必ず事情を書くこと」という慣例があるなら、似たような木簡がもう少し見つかってもよさそうですが、腹痛木簡は現在この一点のみです。飛び抜けて責任感が強いという、稲積さんの個性でしょうか。厳しい検収担当者だった、特殊事情でしょうか。とにかく、稲積さんは腹痛に悶《もだ》えながら、この木簡を書いた……と言いたかったのですが、不安になってきました。「腹痛」と言えば「ずる休み」、この苦しげな書きぶりも、演技なのかもしれません。ここはひとつ、稲積さん本人に会って、本当のところを聞きたくなってきました。

確実なのは、平城京の御代《みよ》は、自分の腹具合も、ずる休みの口実も、文字で伝える時代に突入していた、ということのようです。

（馬場　基）

39 書きぶりににじむ役人たちの素顔

『続日本紀《しょくにほんぎ》』や『万葉集』といった文献は奈良時代史研究に不可欠ですが、これらの完成当時の原本は残っておらず、後の時代に書き写された写本によらねばなりません。

それに対して、木簡に記された文字はみな、古代人たちの直筆《じきひつ》。この点は、歴史資料としての木簡の魅力の、最たるもののひとつでしょう。

本節では、文字の「書きぶり」に注目しつつ、二点の木簡を取り上げてみます。

一二二頁写真の二点はいずれも、平城宮内裏《だいり》の東側を北から南に流れる東大溝ＳＤ二七〇〇から出土した木簡です。東大溝ＳＤ二七〇〇は、平城宮内の排水体系を支える代表的な排水溝のひとつでした。

写真右の木簡は、木工寮《もくりょう》(土木建築関係の事柄を掌《つかさど》る役所)が発した正式な解《げ》(上申文書)とみられます。右行が本来の解の文章で、左行は右側の文字を見ながら記した習書《しゅうしょ》(練習)と考えられます。

両者を見比べてみましょう。右行はかすれて見にくいですが、さすが公文書、楷書《かいしょ》に近い謹直な文字が並びます。一方、左行の文字は稚拙で滑稽。とくに四文字めは、ちょっと……。五・六文字めも、一体何の字を書こうとしたのやら、と半ば呆《あき》れてしまいます。

でもひょっとして、左行の書き手はほとんど文字を知らない初心者だったのでは――そう思う

(24.1 cm)

(11.5 cm)

㊨ 木工寮の解《げ》木簡. 右に「木工寮解　「□」　申請□」, 左に「木工寮□〔解ヵ〕□□」(□＝判読できない文字)とある.

㊧ 小麦の荷札. 「丹波国何鹿郡高津郷交易小麦五斗」とある.

ととたんに、右行に何度も目を遣《や》りながら、文字を覚えようと懸命に書き写す、微笑《ほほえ》ましい姿が目に浮かんできます。

写真左の木簡は、丹波《たんば》国何鹿《いかるが》郡高津《たかつ》郷（今の京都府綾部市や福知山市の一部）から送られた小麦の荷札。黒々と墨痕《ぼっこん》明瞭な文字はクセが強く、独特の味わいが溢《あふ》れます。「高津」はどこで切れるかもわかりにくく、地名を知らなければ読めないかもしれません。その下の「郷」も、偏《へん》だけが左下にグッと伸びる大胆な字形です。

ただ、不思議と下手な印象は受けず、むしろ慣れた手つきでサラサラと書き付けたような風情がうかがえます。きっと書き手は、これまでたくさんの荷札を作ってきたのでしょう。その中で繰り返し記してきた文字は、若干雑になったのかもしれません。

でも、この木簡の中で「小麦」の二文字は比較的よく整っています。実は小麦の荷札は珍しく、他には数点しか確認されていません。すると、この木簡の書き手にとって、「小麦」は書き慣れない文字だったのではないでしょうか。間違わぬよう一画ずつ慎重に認《したた》める、書き手の緊張がひしひしと伝わってくるようです。

木簡、とくに削屑《けずりくず》は下級役人の人名の宝庫です（本書Ⅵ-41参照）。それだけでなく、木簡の多くは日常業務の中で使われたもので、書き手も実務を担う下級役人が中心でした。そのため木簡の文字には、歴史の表舞台には縁遠い彼ら下級役人たちの、リアルな想いがにじみ出ているのです。

（山本祥隆）

40 お願いの手紙の書き方――下級役人の教養

平城宮の造酒司《ぞうしゅし》跡からは、醸造用の水を汲む井戸の他、酒を醸造・保管した建物や、酒の原料の米の進上木簡、酒を入れた甕《かめ》の付札《つけふだ》木簡など、当時の酒造りの現場の様子がわかる木簡とともに、よその部署から酒を請求する木簡が見つかっています。

奈良時代の役人が公務の必要から物品を請求する際、とくに木簡ではビジネスライクに「請《こう》～」のように、必要最小限の文言のみを記すのが普通でした。

ところが造酒司木簡に、ちょっとだけ他の請求木簡とは性格の異なる木簡があります。「頓首《とんしゅ》」「死罪」といった書状に用いる用語が含まれているのです。

同じ奈良時代の役人が記したものに正倉院文書《しょうそういんもんじょ》があります。こちらにも公務の必要から書かれた書状が含まれています。何らかの事情で相手に頼み事をする際に書かれたようで、相手に面倒をかける場合に、その気持ちを伝えるため、あえて公文書とは異なる形で書かれました。書状は律令に定められた公文書を補助する役割を果たし、日常業務を支えていました。書体も達筆の役人であれば、草書《そうしょ》に近い形で書かれたものが残っています。

先程の木簡でも、あえて書状の文言を用いて書かれており、書体も若干草書を真似たようにも見えます。とすると、通常業務の枠を超えて、特別な事情のもとにお願いしてきた木簡なのでは

（表）　（裏）

倉麻呂謹んで頓首す。酒二升、右今日

務め、急ぐこと甚だし。仰ぎ望むらくは処分を垂れんことを。頓首死罪

（27.6 cm）

① 仰望

② 頓首死罪

倉麻呂から造酒司へのお願いごとが記された木簡（赤外線写真）

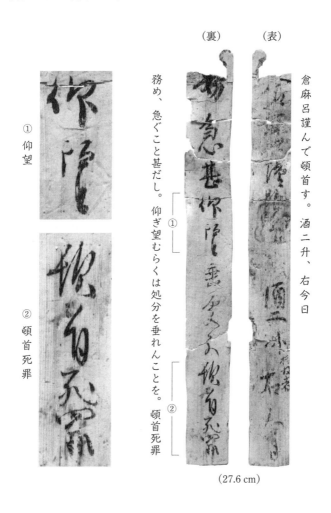

ないでしょうか。ここでは、「急甚」とあるので、酒が必要な事態が急に生じ、相手の手を煩《わずら》わしてでも支給してもらう必要があったと考えられます。

このような目で木簡を見ると、造酒司木簡には他にも、「恐る恐る謹《つつし》んで請《こ》い申す」という木簡があり、あるいは二条大路木簡に「酒司の坐《いま》す下に、……恩を蒙《こうむ》りて」などと書状用語を含む木簡が見つかります。これらは先の木簡と同様、特別な事情のもとに酒の支給を依頼してきた木簡なのでしょう。

正倉院文書に比べると、木簡には書状として書かれたものは多いとは言えません。それはスペースに限りがあり、相手に礼を尽くして依頼するのにそぐわない媒体であるためとも考えられます。

にもかかわらず、あえて木簡で依頼したのは、緊急の度合いが高かったのか、あるいは相手と親しい間柄であったのか、詳細は不明ですが、親しい仲にも礼儀ありということで、「頓首」「死罪」などの言葉が添えられたのでしょう。

この木簡には、「頓首」「死罪」などの他に、「仰望」という言葉も見えます。この言葉は敬意を表す言葉として書状にも用いられ、正倉院文書の中にも数例見られます。教養として身につけていたのでしょう。

公務の中で、緊急の場合でも、ふとこのような言葉をしたためて造酒司に送った「倉麻呂」さんの人物像に、思いを馳《は》せずにはいられません。

（黒田洋子）

41　出部さん、真慕さんって誰？——珍しいウジ名

本書I―3で、書き換えなどのために木簡の表面を削り取ることによって生まれる削屑《けずりくず》をご紹介しました。削屑は、言ってみれば消しゴムのカスのようなものですが、当時はゴミとして捨てられたものだからこそ編集の手などが加わっておらず、時には意外な事実も教えてくれます。

本節では、平城宮跡で見つかった削屑二点を取り上げ、彼らが語る奈良時代史の豊かな広がりを垣間見《かいまみ》てみましょう。

二〇〇八(平成二〇)年、平城宮跡東部の東方官衙《かんが》と呼ばれる地区の発掘調査で、南北約七メートル・東西約一一メートルに及ぶ巨大なゴミ捨て穴が見つかりました。中には夥《おびただ》しい数の木簡、とくに削屑が含まれています。そこで、ゴミ穴内部の土を持ち帰って洗浄することにしましたが、その量、何とコンテナ二八〇〇箱！　実は二〇一九年現在も、その土を洗浄し、木簡(削屑)を始めとする遺物を取り出す作業が続いています。

この東方官衙のゴミ捨て穴から出土した木簡については、すでに報告された木簡の分析から、奈良時代後半(八世紀後半)に属し、衛府《えふ》(天皇や宮城を警備する役所)の改編に伴って生じた多量のゴミを処理する際に形成された資料群、との見解が発表されています。そのため、人名を記載する削屑が豊富に含まれます。その中に、時として変わった名前が認められるのです。

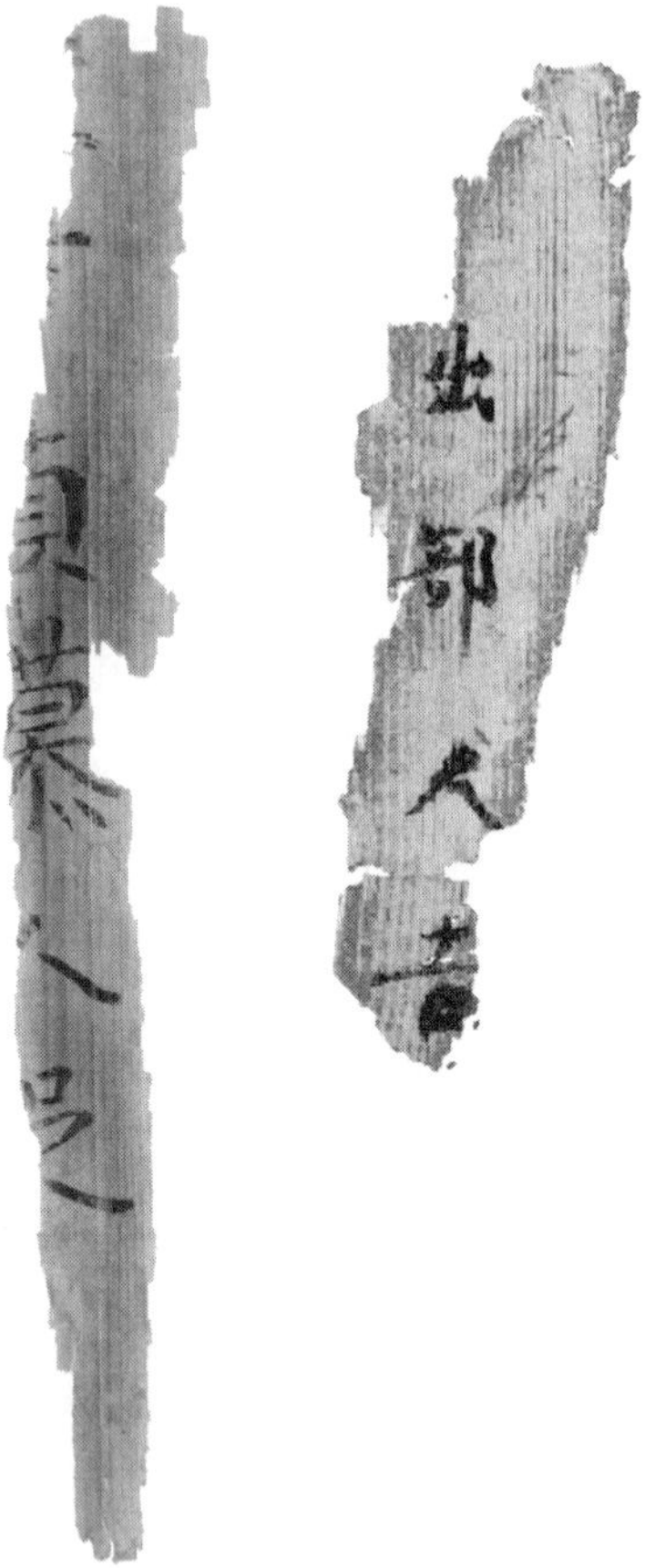

㊨「出部人吉」と書かれた削屑
㊧「真慕人足」と書かれた削屑

写真右の削屑には、「出部人吉《いずべのひとよし》」と記されています。出部《いずべ》氏は、当時の正式な歴史書である『続日本紀《しょくにほんぎ》』にはたった一度しか登場せず、他の史料でも数例確認できる程度でした。そのため、『続日本紀』の出部氏は、あるいはより一般的な生部《みぶべ》(壬生部に同じ)氏の誤記ではないかとも疑われてきました。

ところが、東方官衙のゴミ捨て穴の削屑には、写真右のものを含めて複数の出部さんが認められます。奈良時代に、出部氏が存在したことが裏付けられたのです。

写真左の削屑には、「真慕人足《しんものひとたり》」という人名が見えます。真慕《しんも》氏は朝鮮半島・百済《くだら》系の渡来人で、他の史料では『日本書紀』の欽明《きんめい》紀(六世紀中頃)に、百済からの使者として見えるのみです。おそらく人足は、渡来人の末裔《まつえい》として奈良時代の日本に生まれ、そのまま日本で生涯を送った人物と考えられます。

ところで、彼の氏名は、いまだ半島由来の氏姓を保持していながら、名前の方はいかにも当時の日本人らしいものです。メジャーリーグで活躍する「ダルビッシュ有」投手の名のような響き、とでも言えましょうか。

『続日本紀』では、五位以上の位階をもつ貴人のみを記録するのが原則です。したがって、下級役人とみられる出部さんや真慕さんたちの登場機会は、きわめて限られます。

一方の木簡、とくに削屑は、下級役人の人名の宝庫です。削屑の上でだけ出会える彼らに親しみを覚えるのは、同じ下級役人として世を過ごす、私だけではないでしょう。

(山本祥隆)

42　平城宮の仏事を垣間見る

写真の木簡は、平城宮跡の第一次大極殿《だいごくでん》や朝堂院《ちょうどういん》のある中央区と、その東、もう一つの大極殿や朝堂院がある東区との間を南に流れる、中央大溝の周辺から出土しました。

西大宮《にしおおみや》は、奈良時代の後半に、第一次大極殿の跡地に造られた宮殿で、孝謙太上天皇《こうけんだいじょうてんのう》（七一八—七七〇、後の称徳《しょうとく》天皇）が住んだ「西宮」にあたります。この木簡は、西宮が主催した正月の仏教行事の際に、さまざまな品物を購入した残りの銭などに付けられた付札《つけふだ》です。

日付の下にみえる人物「添石前《そうのいわさき》」は、他にみえませんが、「県主《あがたぬし》」を略したとみれば、天平神護元（七六五）年二月に、「添県主」の姓を賜った「県主石前」その人とみられます。このとき、「大和国添下郡人左大舎人大初位下」とみえます。

『続日本紀《しょくにほんぎ》』によると、この賜姓《しせい》記事の前後には、前年におこった恵美押勝《えみのおしかつ》（七〇六—七六四、藤《ふじ》原仲麻呂《わらのなかまろ》）の乱にかかわる褒賞《ほうしょう》の叙位や任官、戦地となった近江《おうみ》国高嶋郡などへの免税、親衛軍の組織改編など、戦後処理にかかわる記事がずらりとならびますので、石前は孝謙太上天皇に近い立場の人物で、この賜姓も乱の論功行賞の一つであった可能性があります。石前は、乱後も引き続き称徳天皇の近くに仕えていたのではないかと思います。

この木簡を考える上で、「正月十六日」という日付はきわめて重要な意味をもちます。一六日

（裏）　（表）

（16.6 cm）

平城宮跡中央大溝付近で出土した木簡．表に「西大宮正月仏御供養雑物買残銭」，裏には「一貫百六十文」「油五升　正月十六日添石前」などと記されていた．

に「残銭」の整理をしたということは、この仏事がそれ以前に行われていたと考えられるからです。

古代には、年に一度正月に、宮の中心部分が寺になる時期がありました。御斎会《ごさいえ》とよばれる仏事です。正月八日から一四日までの七日間、大極殿とそれを取り囲む回廊を舞台に行われ、金光明最勝王経《こんこうみょうさいしょうおうきょう》講読と吉祥悔過《きちじょうけか》により、鎮護《ちんご》国家と五穀豊穣《ごこくほうじょう》を祈願するものでした。このとき、大極殿は講堂とよばれ、仏事にふさわしく飾られ、高御座《たかみくら》には本尊となる盧舎那仏《るしゃなぶつ》が安置されました。回廊は僧房《そうぼう》とよばれ参加する僧の休息所となるなど、宮の中心部分が昼夜を通じて七日限りの寺へと変貌していくことになります。

木簡の日付からすれば、「西大宮正月仏御供養」が御斎会をさしている可能性は高いように思います。そうであれば、この付札は、天皇自身が「施主《せしゅ》」として催す正月仏事の決算にかかわって作成されたものなのでしょう。

御斎会は、まさに称徳天皇の時代に正月の仏事として始められました。恒例の行事として定着する平安時代になると、儀式に必要な物品の量はこと細かに規定されていきます。この木簡にみえるように、品々の購入資金に「残り」が生じるあたりに、まだ始まったばかりの奈良時代らしさすら感じます。木簡の記載は、称徳天皇の時代の仏事を垣間見る、貴重な証言と言えそうです。

（山本　崇）

Ⅶ

木簡を未来に伝えるために

43 水替えの夏、出会いの夏？

木簡が土の中で一千年以上も腐り果てずに残るのは、簡単なことではありません。日本の木簡は、たっぷりの水と泥とで日光と空気が遮断され、バクテリアの活動が抑制された環境の中で、かろうじて残ったというのが実状なのです。木の細胞も脆《もろ》くなっており、中にパンパンに含んだ水分によって、どうにか形を保っている状態です。

そのため木簡は、科学的な保存処理を施すまでは、水に漬《つ》けて保管しなければなりません。奈文研では、約四四センチ×二八センチ、深さ七・五センチほどのプラスチック製容器に専用のガーゼを敷いて木簡を並べ、さらにガーゼをかぶせて防腐剤（ホウ酸）入りの水を満たし、フタをして保管しています。

ですが、水は自然に蒸発し、減少してしまいます。また、とくに出土後間もない木簡は内部の成分が染み出して水を濁らせ、時にはガーゼまで腐蝕させてしまいます。ですから、定期的な点検が欠かせないのです。

そこで私たちは、毎年八月、水漬け木簡の総点検を行っています。「水替《みずか》え」と呼ばれる、奈文研・史料研究室の真夏の恒例行事です。

平城地区（平城宮・京担当）だけでも丸一週間、藤原地区（飛鳥、藤原宮・京担当）も合わせるとほぼ

1 容器にガーゼを敷き，新たな水で満たす．

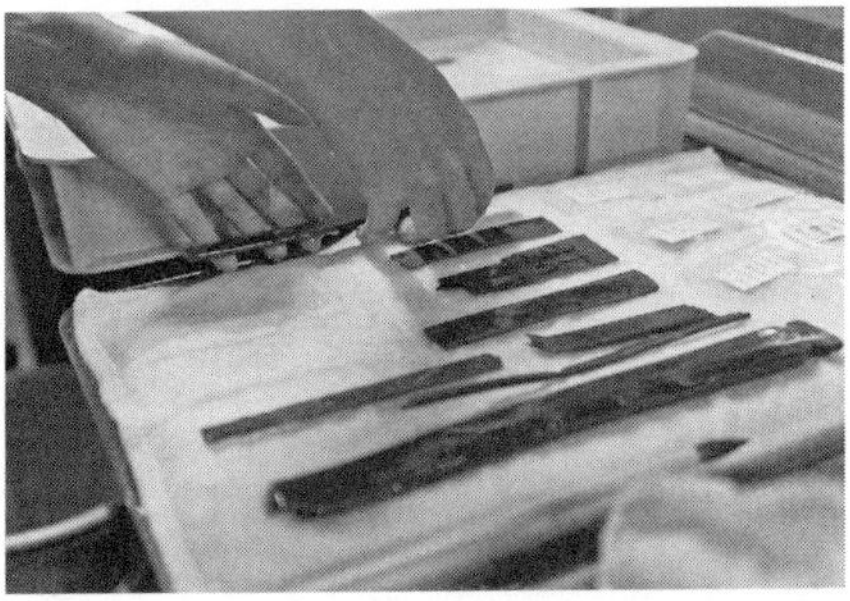

2 ガーゼの上に木簡をそっと置いていく．

3 水に浸された木簡が眠る容器が所狭しと並ぶ．

二週間かけて、すべての容器をチェックし、減水しているものには水を足し、必要に応じてガーゼを取り換えます。

ちなみに、平城地区保管の容器の数は、私が奈文研に入所した二〇一一(平成二三)年時点で(きちんと数えたわけではないが)四〇〇〇箱以上と教わりました。さらに、二〇〇八年に見つかった東方官衙《かんが》の巨大なゴミ捨て穴の土から木簡(削屑《けずりくず》)を洗い出す作業(本書Ⅵ-41参照)は今も続き、点数は日々増加しています。二〇一九年にカウントしたところ、容器の総数は何と六〇〇〇箱に達していました。

このように、水替えは相当な重労働。ですが、一千年以上の眠りから現代によみがえった木簡たちを、さらに後世に伝えてゆくためには不可欠な作業でもあります。私たち木簡担当者にとって、もっとも大切な仕事のひとつと言えます。

ところで、水替えは作業量が膨大なため、毎年、全国の古代史専攻の大学院生にアルバイトとしてお手伝いをお願いしています。実はこれが、次代を担う研究者を育む貴重な機会ともなっているのです。八月に行うのも、水を扱う作業であることに加え、学生さんたちが夏休み期間中で集まりやすいからなのです。私自身、初めて本物の木簡に触れたのは、入所の数年前に学生アルバイトとして参加した水替えの際でした。その時の感激は、今も鮮やかに思い出されます。

脈々と受け継がれる伝統行事である水替え。ちなみに歴史を繙《ひもと》くと、この機に生涯の伴侶との縁を得た例があります! それも、複数!! はたして、今年は如何《いか》に??

(山本祥隆)

44　保存と活用の間で——実物をお目にかけたい

二〇〇三(平成一五)年、平城宮跡で一九六一(昭和三六)年に最初に出土した「大膳職《だいぜんしき》推定地出土木簡」(本書Ⅱ-8参照)が、国の重要文化財(重文)となりました。木簡としては初めての指定です。これを皮切りに、「内裏《だいり》北外郭《がいかく》官衙出土木簡」(二〇〇七年)、「内膳司《ないぜんし》推定地出土木簡」(二〇一〇年)、「造酒司《ぞうしゅし》出土木簡」(二〇一五年)が、次々と重文に指定されました。文化財としての木簡の価値が、公に認められたのです。

一方、木簡はとても弱い遺物です。奈文研では、出土直後に記帳(釈文《しゃくもん》の検討と形状のスケッチを兼ねた記録)と写真撮影を行った後は実物には極力触れず、記帳ノートと写真台紙を基に調査することを原則としています。

保存処理を施した後も、急激な温湿度の変化は、含浸させた薬剤の滲出《しんしゅつ》や反《そ》りなどの形状変化をもたらす危険があります。そのため奈文研では、室温二〇度、湿度六〇パーセントに保たれた専用の収蔵庫で処理済み木簡を保管しています。

そんな木簡たちを、常時展示するのは困難です。奈文研平城宮跡資料館では、レプリカ展示を基本としています。でも、重文への指定は、木簡が国民共有の財産と認定されたことを意味します。死蔵は許されないことでしょう。

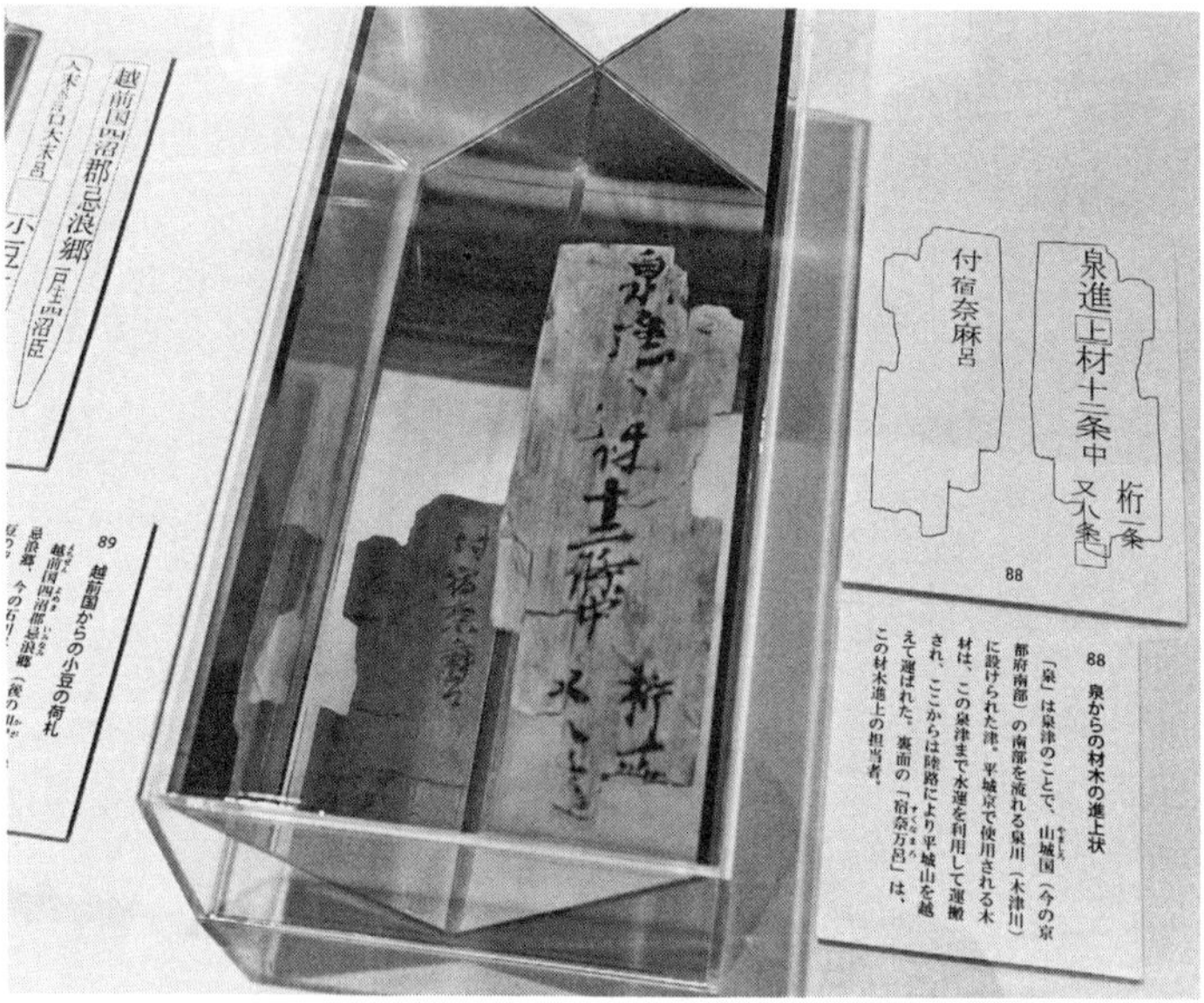

2017 年秋の「地下の正倉院展」には，内膳司推定地出土木簡などとも出展．鏡を使い，表裏両面を見られる工夫が施された．

そこで奈文研では年に一度、奈良国立博物館で開催される「正倉院展」の時期に合わせ、平城宮跡資料館で「地下の正倉院展」と題する秋期特別展を開催しています。ここでだけは、普段はなかなかお目にかけられない本物の木簡を、惜しみなく出陳します。

この特別展誕生の直接の契機は二〇〇七年の「内裏北外郭官衙出土木簡」の重文指定で、彼らをお披露目するのが目的でした。その名は、平城宮跡出土の遺物は正倉院宝物と時代がほぼ同じで、それらにも劣らない価値をもつこと、そこから平城宮跡が時に「地下の正倉院」と称されることにちなんだものです。

なお、重文指定品を中心とする平城宮跡出土の木簡三一八四点は、奇しくも地下の正倉院展一〇周年にあたる二〇一七年、「平城宮跡出土木簡」として国宝になりました。これも、木簡としては初の快挙です。調査成果を広く還元する機会となる実物木簡の展示は、ますます重要になったと言えるでしょう。

ところで、地下の正倉院展では約六週間の会期を三期に分け、およそ二週間ごとに出品木簡を総入れ替えしています。すべての展示木簡に会うには最低三回お越しいただかなければなりませんが、それもみな、木簡の保管に万全を期すためなのです。文化財の保存と活用を両立するための苦心を、ご理解いただければ幸いです。

奈良の秋は、奈良国立博物館の正倉院展とともに、平城宮跡資料館の「地下の正倉院展」の季節です。木簡たちとともに、ご来場をお待ちしております。

（山本祥隆）

45 赤外線は万能か？

中世以降の古文書と異なり、古代の木簡の文字は今の楷書《かいしょ》に比較的近い書きぶりのものが多く、一般の方々にも親しみやすいかと思います。

ですが、木簡の文字の判読には独特の難しさもあります。たとえば、欠損により文字が一部しか残っていない場合。こんな時は、残画や前後の文字から欠失部分を推測しつつ読まなければなりません。

さらに、土中での長い眠りのうちに、墨が薄れてしまうこともあります。また、木簡の木肌は黒ずみやすく、肉眼では文字があるかどうかすら判別しがたいケースも珍しくありません。

こんな場合に効果的なのが、赤外線《せきがいせん》装置による観察。墨は赤外線を吸収する性質をもっているので、木簡に赤外線を当ててモニターに映し出すと、墨が残っている部分は反応がないため黒く映り、文字が読みやすくなるのです。

写真の木簡を見比べてみましょう。右が可視光線による写真、左が赤外線写真です。一目瞭然、赤外線の効果は絶大ですね。

赤外線による観察の有効性は古くから認識されていましたが、かつては機材や画像の精度の問題などから、気軽に利用できない面もありました。ですが、近頃は機器の進歩によりパソコンの

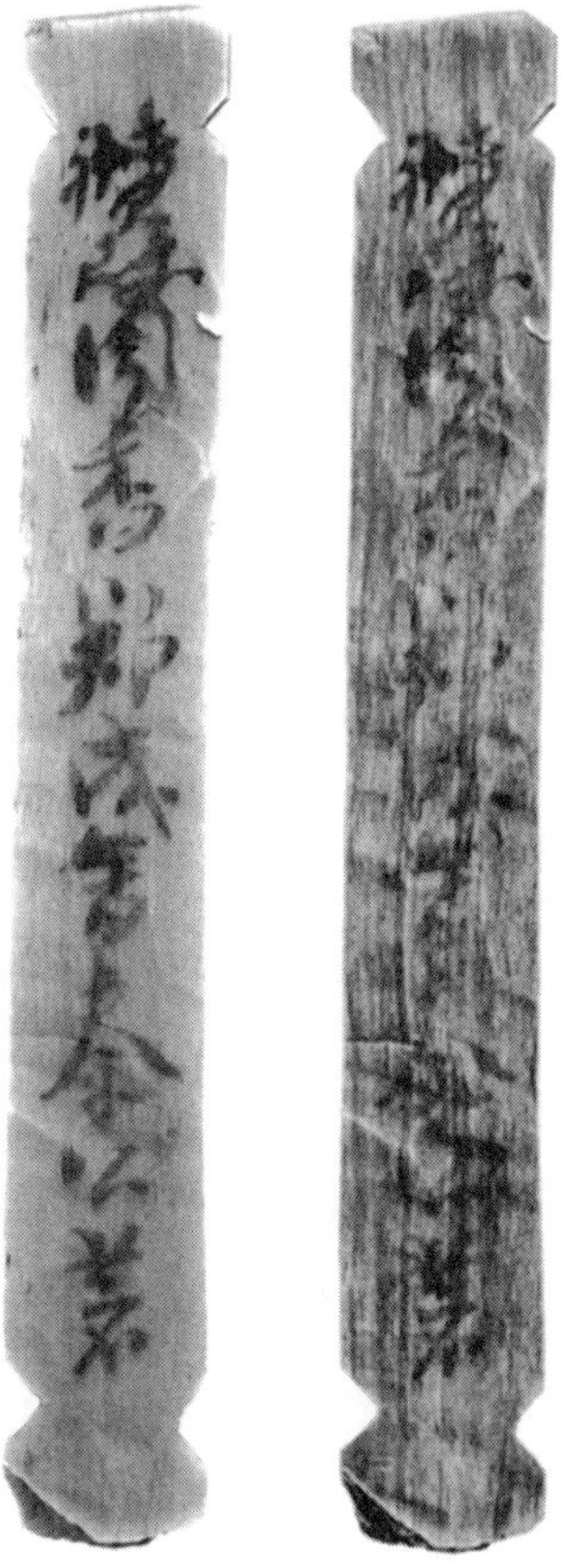

(16.8 cm)

㊨ 可視光線で撮影した木簡は文字が不鮮明な場合も.
㊧ 赤外線で撮影すると,「讃岐国香川郡成□〔会ヵ〕秦公蓑」と読み取れた.

モニター上に簡単に映し出すことができ、コントラストの調整や画像の保存なども容易です。今や、赤外線観察は木簡の読解に不可欠なプロセスとなっています。

一方、落とし穴も存在します。時に赤外線は墨痕《ぼっこん》を映しすぎてしまい、単なるにじみが筆画《ひっかく》のように見えてしまうことがあります。また、傷や凹《へこ》みなどによる影を、あたかも墨痕のように映し出してしまうことも起こりえます。技術が進歩しても、肉眼による観察は重要です。

ところで、「赤外線」とは可視光線より波長の長い電磁波の総称で、近赤外線から遠赤外線まで、さまざまな波長が含まれます。今のところ、木簡の観察には近赤外線が用いられていますが、その中でもより効果的な波長を特定する余地は残されています。

また、最近では、照射する赤外線の波長を手元で細かく調節できるような機材もあるようです。これを利用すれば、将来は、異なる波長による画像を対比することで墨痕か否かを自動的に判定する、なんてこともできるようになるかもしれません。

ちなみに、木簡ではあまり起こりませんが、土器に文字が書かれた墨書《ぼくしょ》土器(とくに須恵器《すえき》)の場合、肉眼でははっきり見える文字が、赤外線にかけると掻《か》き消されたように見えなくなってしまうことがあります。赤外線の効き方が土器の生産地ごとに異なる傾向があることから、あるいは胎土《たいど》の成分の影響かとも推察されますが、原因はまだよくわかっていません。

赤外線を活用した木簡の読解には、まだ多くの課題がありそうです。一方でそれは、木簡の語る世界がさらに広がってゆく可能性があることも、同時に意味しています。

(山本祥隆)

46　木簡と年輪年代学の出会い

木簡が完形で出土するのは珍しく、大多数は割れたり折れたり、あるいは表面を削りとった削屑《けずりくず》の状態で見つかります。そんな細片たちも古代史の貴重な史料となることは、これまで紹介してきた通りです。しかし、断片どうしを接合し、元の姿に近づけることができれば、より多くの情報が得られることは言うまでもありません。

東野治之《とうのはるゆき》氏の『木簡が語る日本の古代』(岩波新書、一九八三年)の冒頭には、削屑が接合した初めての事例が紹介されています。当時、奈良国立文化財研究所に勤務していた東野氏は、上司から「あの削屑は、一枚の木簡をおろしたものとちがうか」と指摘されました。半信半疑で調べ直すと、五点の削屑がつながり、全長三〇センチ近くにもなったのです(一四四頁写真㊨)。

さて、私は、実は古代史学ではなく「年輪年代学」という分野を専門としています。私はこの東野氏の本を読んで、木簡の研究にも年輪年代学が応用できるのでは、と閃《ひらめ》きました。現在、私たちは、科学研究費の支援を受けながら、「木簡の年輪年代学」と題した研究プロジェクトを、仲間たちとともに推進しています。

木の年輪は一年に一層ずつ形成されますが、同じ時代、同じ地域に生育した木々の年輪変動が類似するという性質があります。年輪年代学ではこれを活かし、伐採年がわかっている試料をも

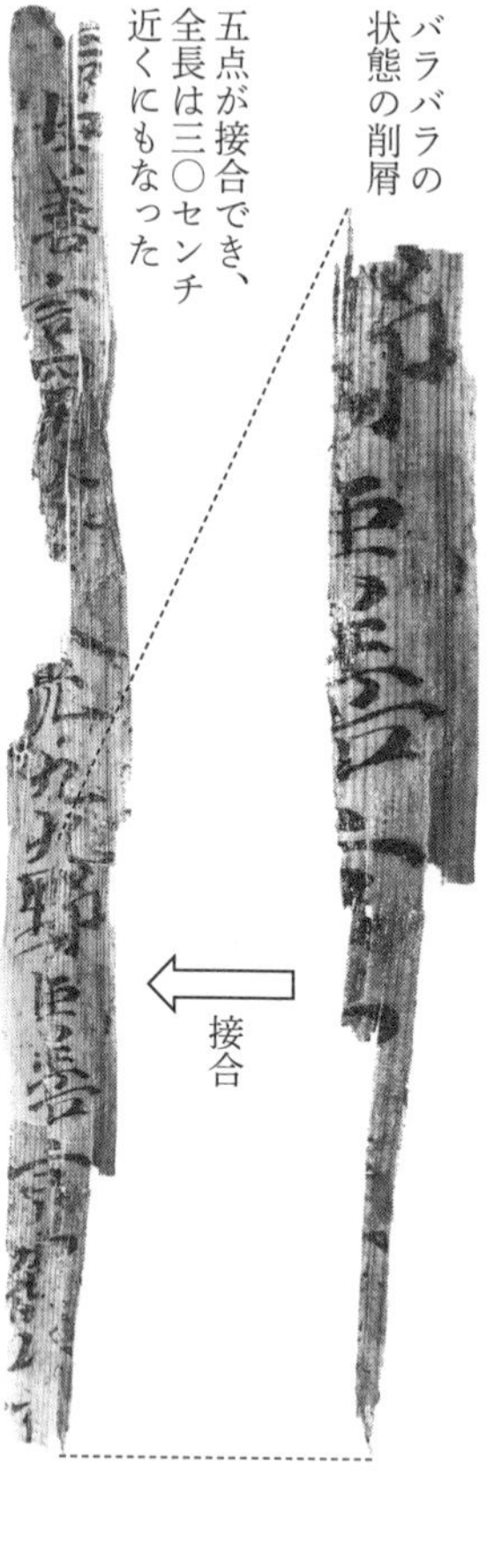

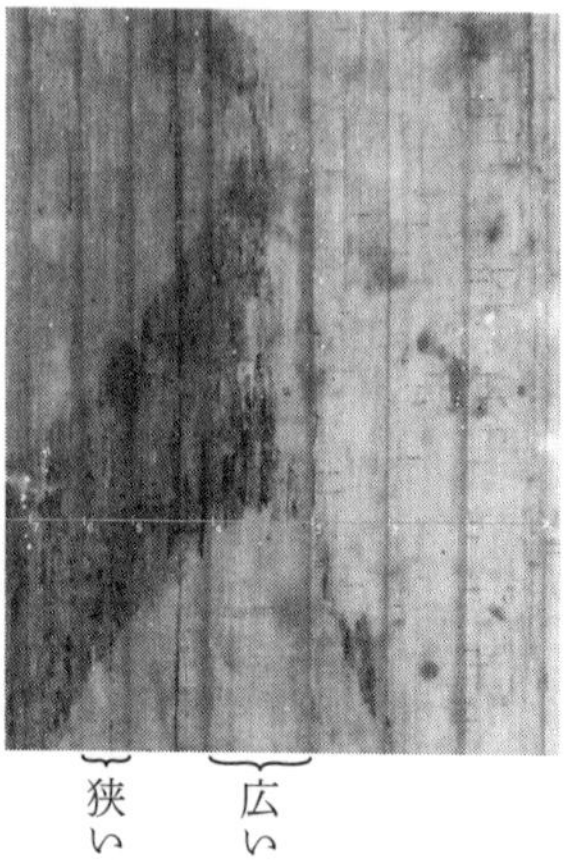

㊨ 削屑木簡が接合した初めての事例.

㊧ 木簡の年輪計測画像. 年輪の幅が1年単位で広くなったり, 狭くなったりしていることがわかる.

とに構築された標準年輪曲線と照合して、分析対象に刻まれる年輪の形成された年を、一年単位の精度で誤差なく明らかにすることができます。

加えて、年輪形成が地域的な気候要素の影響を受けて変動する特性を利用すれば、古気候の復元や、木材の産地推定なども可能です。このように年輪年代学は、年代測定だけでなく総合的な学問分野と言えるのです。

現在推進しているプロジェクトでは、とくに同一材の推定に焦点を当てています。これは、別個の木より同じ木の年輪曲線の方が、類似度が高いという性質に基づくものです。

この分析を、木簡を始めとする木質遺物に応用すれば、どれとどれが元は同一材であったかがわかります。それだけでなく、含まれる年輪の新旧関係から、どの部位がつながる可能性が高いかも指摘できるようになるのです。

みなさんも、ジグソーパズルを解く際に、ピースの形だけでなく、絵柄も頼りにしますよね？それと同様に、木簡の形状や内容に、年輪からの情報も付加することで、接合検討がより容易に、また確かになります。さらには、これまで明らかになっていなかった同一の木簡を見出すことも期待できるのです。

以下、本節からⅦ-49までは、木簡の年輪に着目し、歴史科学と自然科学を融合させて取り組んでいる研究の状況をご紹介していきたいと思います。

（星野安治）

47　年輪で木簡を読み解くために

前節でお話ししたとおり「木簡の年輪年代学」の可能性を見出した私たちですが、実は不安もありました。というのも、照合に正確を期すため、年輪年代学では概《おおむ》ね一〇〇層以上の年輪を有する比較的大型の試料を対象とするのが一般的だからです。はたして、小型のものが大半を占める木簡は、本当に年輪年代学の対象になりうるのでしょうか……

そこで、足掛かりとして小型の木製品に年輪年代学の方法を応用して成功した分析事例をご紹介しましょう。まずは、「斎串《いぐし》」という木製の祭祀具《さいしぐ》です(写真㊨・㊥)。奈文研の庁舎の建て替えに伴う発掘調査の際に、一カ所にまとまった状態で出土しました。

斎串の形状は多様ですが、形の似たものは木目も似ていました。ならば、木目の間隔をバーコードに見立てて数値化し比較することで、同じ木材から作られたものであることを確かめられないだろうか？

この着想を出発点に、年輪年代学の方法で木目を数値化およびグラフ化してみたところ、似通った斎串同士は年輪のグラフもぴったり一致することが判明しました。バラバラの状態で出土した遺物が、同一材から作られたことがわかったのです。

発見は、それだけではありません。一群の斎串たちが四つのグループに分類でき、かつ同グル

㊨ 斎串
㊥ 右の写真の斎串(上)が，バラバラに出土した別の斎串(下)と接合できた．
㊧ 人形

ープ内の斎串は同一材から作られていたこともわかりました。また、完成品の斎串だけでなく、割ったままの板材も一緒に出土しており、両者が元は同一材であったこともわかりました。

こうして、どのように板材を割り裂いて斎串を作り出したかという、製作工程を鮮明に復元することができたのです。小型の木製遺物に年輪年代学的手法を応用し、大きな成果が上がった瞬間でした。

さらに、年輪年代学的手法の有効性を確認するため、平城京から出土した「人形《ひとがた》」を対象に調査も進めています(一四七頁写真㊧)。人形は斎串と同じく木製の祭祀具で、人間の姿を象《かたど》っており、墨線や切り込みなどによって、顔や衣服、手足などが表現されます。

検討を進めてゆくと、顔の表現や形状の似たものどうしが同一材から作られていることがわかりました。さらに、板を割って人形を作り出す工程も復元でき、人形を作った人の動き、行動までもが復元できる可能性が出てきたのです。

斎串や人形は木簡と同じく古代の木製遺物で、大きさも一般的な木簡とほぼ同じくらいです。とくに人形は、墨線による描写をもつものが多く、モノとしての性質は木簡とほとんど変わりません。ちなみに、文字が書かれた人形(つまりは木簡の一種!!)なんて珍しい逸品も存在します。

本節でご紹介した斎串と人形の事例は、年輪数の少ない小型の木製遺物についても、とくに同一材推定というアプローチによって、年輪年代学的手法が応用できることを証明しました。次節では、いよいよ、木簡の調査に乗り出しましょう。

(浦　蓉子)

48 木簡をつなぐ木目のバーコード

前節でご紹介した斎串《いぐし》や人形《ひとがた》の調査成果を承けて、私たちは本格的に「木簡の年輪年代学」に取り掛かりました。最初の調査対象に選んだのは、二〇一三(平成二五)年度冬の発掘調査で出土した木簡。とりわけ、斎串や人形よりもさらに小さな削屑《けずりくず》です。

この発掘調査は宅地造成に伴う小規模なものながら、調査地は法華寺《ほっけじ》旧境内のすぐ南に隣接し、奈良時代の遺構の検出が期待されました。発掘すると、平城京の条坊《じょうぼう》道路の側溝や塀《へい》とみられる掘立柱《ほったてばしら》列などに加え、東西方向の溝が見つかりました。そして、この東西溝からは計四三五五点(うち削屑四二五三点)もの木簡が出土したのです。

中でも、一五〇頁写真右の削屑二点は注目を集めました。木簡が出土した東西溝は、検出状況に加え、七二三(養老七)年や七二四(神亀二)年の木簡が含まれることから、奈良時代前半に遡《さかのぼ》る遺構とみられます。そして、この時期の皇太子と言えば、東大寺の大仏造立《ぞうりゅう》などで有名な聖武《しょうむ》天皇(即位前は首《おびと》皇子)を指すと考えられるのです。

「皇」は比較的用法が限られる字ですから、「太子」と合わせ、二点の削屑は同一の木簡から削り取られたもので、本来は一連で「皇太子」と書かれていたと考えたいところです。けれど、両者は直接にはつながらず、同一木簡とみてよいか、決め手に欠ける状態でした。

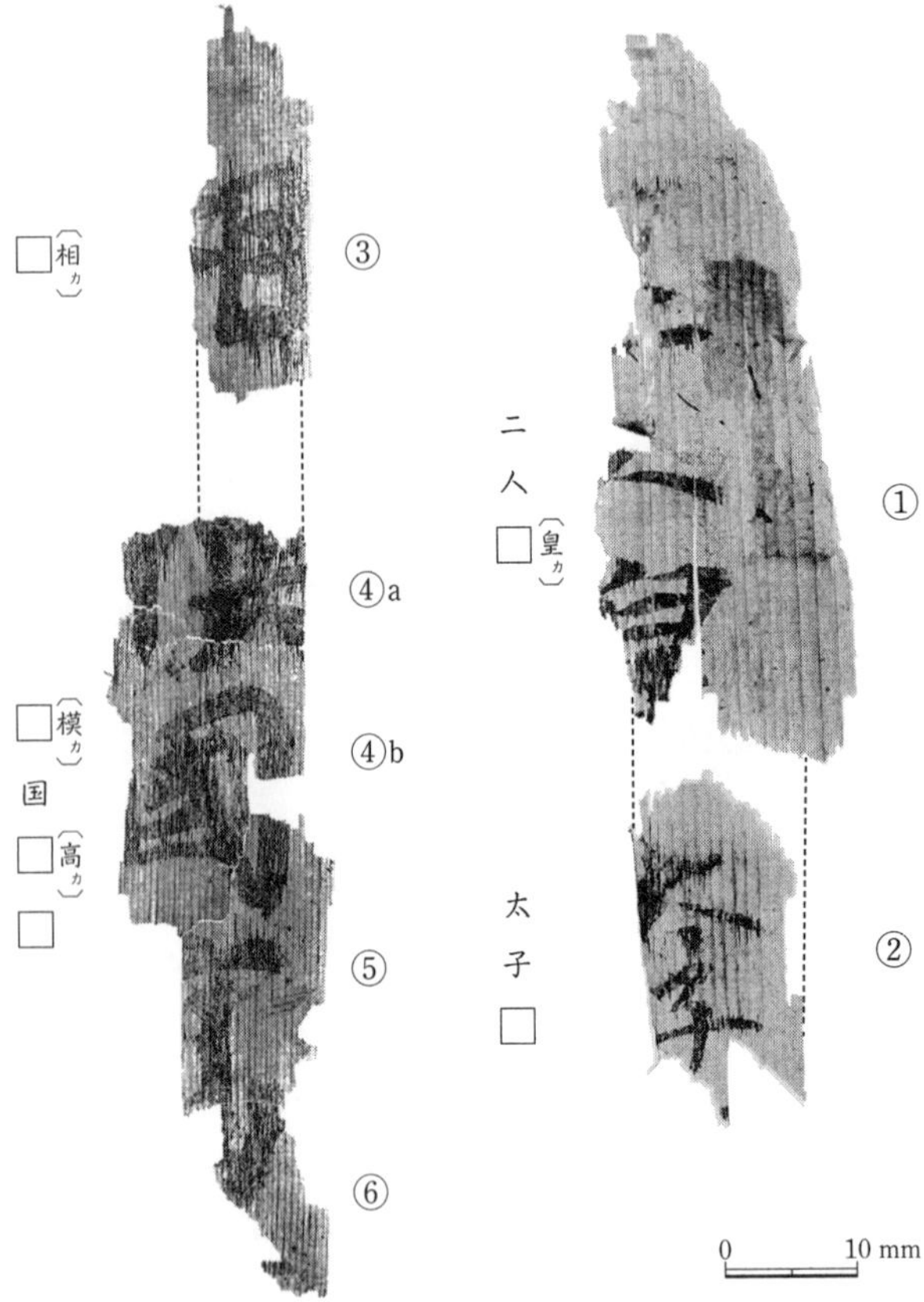

㊨同一木簡由来と推定できた「二人□〔皇ヵ〕」「太子□」の削屑.

㊧④aから⑥までの4片がつながり，③も同一木簡由来と推定できた削屑.

ここで、年輪年代学の出番です。柾目《まさめ》材である両者の年輪を計測・分析したところ、年輪幅の増減のパターンに加え、それぞれの年輪幅の実数値までが、ほぼピタリと一致することがわかりました。両者が同一木簡に由来する可能性が、きわめて高くなったのです。

これにより、東西溝から出土した木簡全体についても、皇太子時代の聖武天皇に関わる資料群である可能性が高まったと言えるでしょう。

さらに分析を進めてゆくと、他にも同一木簡に由来すると推定できる削屑があることがわかってきました。たとえば、写真左は計五片の削屑からなります。単体では④b断片の「国」が読める程度ですが、年輪年代学的調査ですべて同一木簡由来と推定され、接続箇所についても手がかりが得られたことにより、全体で「相模《さがみ》国高」となる蓋然性《がいぜんせい》が高まりました。

地名ですから、ここまでくれば候補を絞り込めます。きっと、本来は相模国高座《たかくら》郡(今の神奈川県藤沢《ふじさわ》、茅ヶ崎《ちがさき》両市から相模原市東部にかけての地域)と書かれていたのでしょう。荷札を削ったものでしょうか？　あるいは、都で働く高座郡出身者の名簿などに由来するもの、とも想定できるかもしれません。

このように、年輪年代学の手法を応用した同一材推定により、木簡の読解を深めることが期待できるのです。

一方、「木簡の年輪年代学」は、他にもさまざまなポテンシャルを秘めています。次節では、その一端をご披露しましょう。

（山本祥隆）

49　年輪から木材の産地に迫る

前節、前々節と、年輪年代学的な同一材の推定により、斎串《いぐし》や人形《ひとがた》、木簡の削屑《けずりくず》などが接合した事例を紹介してきました。この検討を進める中で、個々の遺物の接合だけでなく、年輪年代学的にも新たな知見が得られました。

通常の年輪年代測定では、分析対象におよそ一〇〇層以上の年輪が刻まれていることが条件とされます。しかし、本書Ⅶ-47でご紹介した斎串の事例では、一点一点には数十層程度の年輪しか含まれていませんでしたが、接合の検討により原材の姿を復元することができました。そして、同一材由来の年輪曲線は、一〇〇層以上にまでなったのです。

このように長期間となった同一材由来の年輪曲線は、年輪年代測定や木材産地推定の基準となる標準年輪曲線とも照合ができました。研究開始当初は、ここまでの成果が得られるとは思ってもいなかったので、分析を進めながらゾクゾクしたのを覚えています。

この成果に基づき、本節では、木簡の年輪年代学によるさらなる展望、荷札《にふだ》木簡を用いた古代における木材産地推定の可能性についてご紹介します。

年輪年代学の先進地であるヨーロッパでは、広範囲にわたる地域別の標準年輪曲線を用いた文化財の産地推定が盛んです。加えて、文献史学からの知見もあわせて、中世ハンザ同盟都市間の

(22.1 cm)

(18.8 cm)

(5.6 cm)

㊨ 上総国から送られた高級乳製品,「蘇」の荷札
㊥ 紀伊国无漏《むろ》郡から送られた鯛の荷札
㊧ 周防国大嶋郡務理《むり》里から送られた塩の荷札

木材交易の経路が復元されるなど、歴史学的にも興味深い研究が行われています。

日本でも、これまでに蓄積された標準年輪曲線を整理してみると、たとえば東北地方の日本海側と太平洋側とでは照合できない場合があるなど、年輪変動の地域的な違いがあることが明らかになってきています。日本国内でも、地域別の標準年輪曲線を整備すると、木材の産地推定に応用できる可能性が出てきました。

ここで注目したいのが、全国各地から平城宮・京に集まる荷札木簡です。調庸などの貢進に際して荷物に付けられた古代の荷札は、税を納める側で作製され、都に運ばれて廃棄されたと考えられています。つまり、各地で生育した木を材料とし、しかも多くはその生育した地域名が記されているのです。

この荷札木簡を素材に、地域別の標準年輪曲線を作成する。そして、年輪変動の地域的なまとまりを明らかにすることで、古代の年輪年代学的な木材産地推定を行う基盤を構築することができると見込まれるのです。

一五三頁の写真の木簡は、いずれも平城宮・京跡から出土した荷札です。上総《かずさ》(千葉県中部)、紀伊《きい》(和歌山県)、周防《すおう》(山口県東部)……。目の詰まった良材が、荷札として全国各地から集まっていることがわかります。木簡は、「木」としても、古代における貴重な情報の宝庫なのです。

「木簡の年輪年代学」は、まだまだ検討を始めたばかり。研究が進展し、木簡から得られる情報が増大することが期待されています。

(星野安治)

おわりに　彼らが生きた証として

地中から出土した木簡は、ひんやり冷たい木片です。

ただ、その木片には、そこに文字を書いた人、その木片に振り回された誰か、かつて確かに生きた古代の人びとの温もりが、秘められています。

試みに、木簡を頼りにしながら、奈良時代初期の貴族・長屋王《ながやおう》のお屋敷に、何人かの人を訪ねてみましょう。

屋敷の門前には、領地の片岡（現在の奈良県王寺町付近）から、宴会用食器の蓮《はす》の葉が届きました。片岡から平城京までは約二〇キロ、持ってきたのは都夫良女《つぶらめ》さん。私は目のくりくりした愛嬌《あいきょう》のある姿を想像してしまいます。彼女の手には、送り状の木簡が握られていました。

門を入って、馬小屋を覗《のぞ》くと、遠く甲斐《かい》国（現在の山梨県）や上野《こうずけ》国（今の群馬県）から来た馬のスペシャリストたちが、せっせと馬の世話をしています。交わす言葉は、東国の方言でしょうか。彼らへの食料支給の木簡が、その存在を伝えてくれます。

炭小屋の炭《すみ》は、「鴨伊布賀《かもいぶか》炭焼小屋」から届けられたもの。この鴨伊布賀さん、炭に添える送り状の木簡に字を書くのに、いつもちびた筆を使います。しかも、「籠」字の右側なんて、横画の数が変で、「横棒がたくさん」と思っている節があります。お屋敷の皆は、「炭」というと、ち

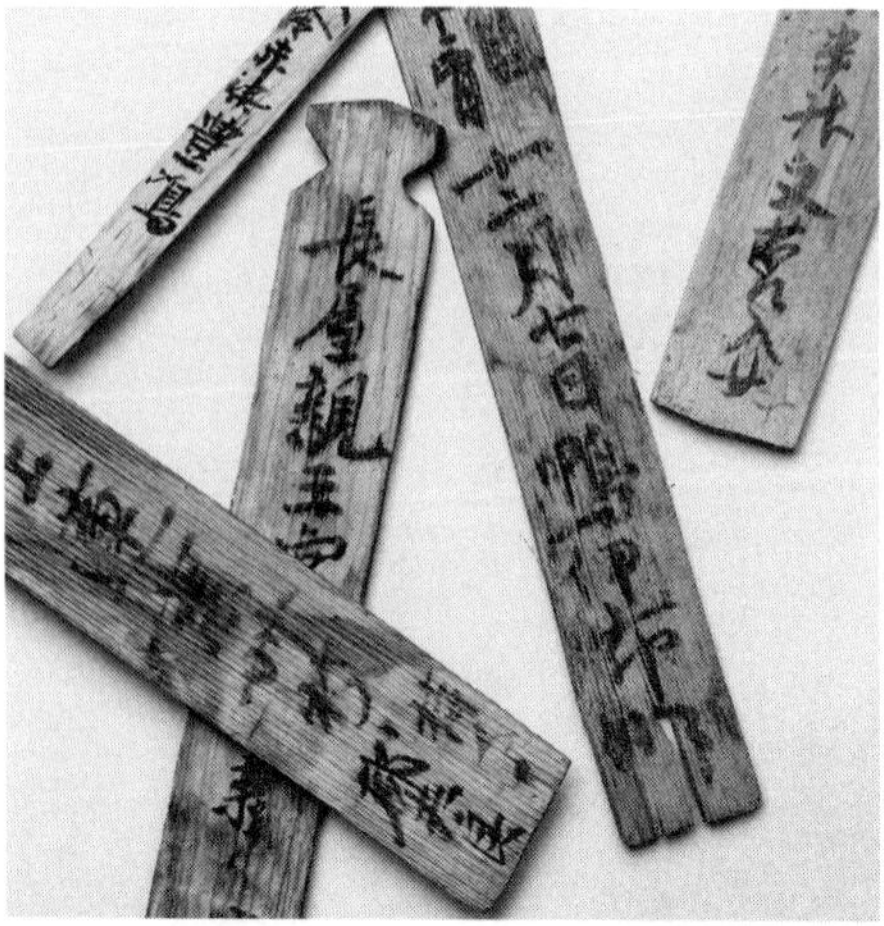

長屋王の屋敷跡から出土した木簡．右端から「筥入女」(14.5 cm)，2番目に「鴨伊布賀」(23.8 cm)，3番目に「長屋親王」(21.4 cm)，その上に重なる4番目に「都夫良」(17.9 cm)，左上に「赤染豊嶋」の名前が見える(22.6 cm)．

びた筆で書かれた、珍妙な文字を連想したことでしょう。

米倉では、米の伝票の木簡を持った人びとが右往左往しています。その向こう側の事務所にどっかり構える家《か》令《れい》・赤染豊嶋の名が記された木簡は、先代・高市皇子《たけちのみこ》の頃から仕えている一族の出身者が、お屋敷を取り仕切っているさまを明らかにしました。

お屋敷の主、長屋王と家族の周囲には、多くのしもべがかしずいています。長屋王の正妻・吉備内親王《きびないしんのう》は中でも、筥入女《はこいりめ》がお気に入りらしいことは、木簡への登場回数などから想像がつきます。おっとりした名前の筥入女には、五歳の男の子がいました。

吉備内親王のもとでは、仏殿に掲げる幡《ばん》の製作・刺繡が行われていたことが、木簡からわかっています。鑑真和上《がんじんわじょう》来日決意のきっかけに、長屋王が中国に送った刺繡付きの袈裟《けさ》がありました。あるいはその袈裟も、吉備内親王の所で作られたのかもしれません。小さな木片に見える人びとの営みは、かくして東アジア世界へと広がっていきます。

木簡と向き合うことは、木簡を介して古代の人びとと向き合うことです。木簡を「調べ」た知識で、古代社会を解明することも、大切で楽しいことです。ただ同時に、木簡に古代の人を「感じ」ることこそ、木簡の醍醐味であり、時空を越えた古代人との一瞬の邂逅《かいこう》への入口だ、と思うのです。

人がいて、生き抜いたから、歴史があります。木簡は、彼らの生きた証です。

そこで私はいつも、まず木簡に、こう問いかけています。「この人たちは、その人生を生き抜きましたか」

（馬場　基）

参考文献

木簡についてより深く知るために（入手しにくいものも含みます）

大庭　脩　編『木簡――古代からのメッセージ』大修館書店、一九九八年
狩野　久　編『木簡』（「日本の美術」一六〇）至文堂、一九七九年
鬼頭清明『木簡』（考古学ライブラリー）ニュー・サイエンス社、一九九〇年
鬼頭清明『木簡の社会史――天平人の日常生活』（講談社学術文庫）講談社、二〇〇四年
東野治之『木簡が語る日本の古代』（岩波新書）岩波書店、一九八三年
奈良文化財研究所　編『〈歴史の証人〉木簡を究める』クバプロ、二〇一四年
奈良文化財研究所　監修『平城京のごみ図鑑――最新研究でみえてくる奈良時代の暮らし』河出書房新社、二〇一六年
奈良文化財研究所『一〇周年記念　地下の正倉院展　一〇年のあゆみ』二〇一八年
馬場　基『平城京に暮らす――天平びとの泣き笑い』（歴史文化ライブラリー）吉川弘文館、二〇一〇年
木簡学会　編『木簡から古代がみえる』（岩波新書）岩波書店、二〇一〇年
渡辺晃宏『平城京一三〇〇年「全検証」――奈良の都を木簡からよみ解く』柏書房、二〇一〇年

あとがき

過去に生きた人たちが実際に書いた木簡という史料、それが語りかけようとしていることを、読者のみなさまにお伝えするお手伝いがどの程度できたでしょうか？

本書は、二〇一八年四月七日から、二〇一九年三月三〇日まで、朝日新聞土曜版beに、「木簡の古都学」と題して四七回にわたって連載した原稿に、若干の新稿を加え、テーマ別に再構成したものです。内容はあえて枠をはめずに各執筆者の自発性に委ね、書ける者が書きたいテーマで書くという方針で連載を開始しました。次にどんな木簡が飛び出すか、そんな意外性も楽しんでいただけたら、という思いもありました。

はじめ、はたしてそんなざっくりとしたことで、木簡についてお伝えすべきことを網羅できるのか、また、週一回の連載をほんとうに維持できるのか、という不安もないわけではありませんでした。しかし、実際に連載を開始してみると、原稿の不足に泣かされることは一度もなく、むしろ掲載順の決定に苦慮するうれしい悲鳴を上げることになりました。

もちろん、取り上げた木簡には偏りがあります。私たちの仕事柄、普段付き合っている都の木簡が大半になってしまいましたし、その中でも取り上げるべくしてあまり取り上げられなかった二条大路木簡のような木簡群も出てしまいました。どうして私のことは取り上げてくれなかったのか、と不満げにしている木簡たちの顔が目に浮かびます。また、地方の遺跡で出土した木簡や、タイトルからいっても仕方ないことかとは思いますが、中世以降の木簡の紹介も限定的にならざるをえませんでした。

次にどんな木簡がどんな切り口で紹介されるか予想が付かない手品のような意外性、それを密かにねらった連載だったわけですが、今回こうして一書に編んでみると、木簡に関して取り上げておくべき視点は、おおむね盛り込むことができたようで、安堵しています。また、内容別に並べ直し、頭から通しで読んでいただけるよう再構成しましたが、各節の意外性はそのまま残せたようです。興味をもったところから好きな順序でお読みいただいても楽しんでいただけるものに仕上がったと思います。

本書のような小さい書物としては、個別の資料や歴史的事実の紹介もさることながら、木簡をよむ醍醐味のようなものを、少しでも味わっていただくことができれば幸いです。木簡は網羅できませんでしたが、取り上げるべきテーマは、そこかしこにちりばめることができました。本書で取り上げた木簡を手がかりに、さらに木簡の世界に分け入っていただけたら、何よりもとうの木簡たちが一番喜んでくれることでしょうし、その手伝いをできた私たちにとってもこんなにうれしいことはありません。

木簡は、一点だけで大きな発言力をもつ場合もないわけではありません。本書では紹介できませんでしたが、時には平城宮第一次大極殿院回廊の基壇下から見つかった和銅三年正月の伊勢国の荷札のように、七一〇(和銅三)年の平城遷都の際に、平城宮にはまだ大極殿がなかったという、文字としては直接書かれていないことを教えてくれる木簡もあります。しかし、木簡は自ら声高に自己主張するわけではなく、わずかの情報をそっと耳打ちしてくれるに過ぎません。

ただ、木簡一点一点の声は小さく、話す内容もわずかで断片的に過ぎなくても、それらが一丸となって語り出すとき、歴史を書き換える力となることを、本書でもご紹介した長屋王家木簡・二条大路木簡、あるいは平城宮東方官衙の焼却土坑の木簡たちは、私たちに教えてくれました。

本文でご紹介したように、木簡が日の目を見るようになってから、まだ六〇年あまりに過ぎません。木簡たちの話をもれなく聞き取る努力を続けるとともに、偶然が積み重なって今私たちが耳を傾けることのできる木簡たちの声を、未来にわたって聞き続けることができるようにすること、すなわち保存と公開も、私たち調査機関に課せられた大きな責務といえるでしょう。

最後になりましたが、連載にあたってお世話になった朝日新聞社の塚本和人さんと小滝ちひろさん、そして刊行に向けてご尽力くださった岩波書店の入江仰さんに、あつくお礼を申し上げます。そして、連載を楽しみにしてくださった全国の読者のみなさまに対し、木簡たちとともに、改めて心からなる感謝の意を捧げたいと思います。

二〇二〇年一月二五日

奈良文化財研究所
渡辺晃宏

執筆者紹介

(2020 年 1 月現在)

浦　蓉子(うら・ようこ)　1987 年生．奈良文化財研究所都城発掘調査部考古第一研究室研究員．考古学．

黒田洋子(くろだ・ようこ)　1961 年生．奈良文化財研究所都城発掘調査部史料研究室客員研究員．日本古代史学．

桑田訓也(くわた・くにや)　1978 年生．奈良文化財研究所都城発掘調査部主任研究員．日本古代史学．

杉本一樹(すぎもと・かずき)　1957 年生．元宮内庁正倉院事務所長・奈良文化財研究所都城発掘調査部史料研究室客員研究員．日本古代史学．

舘野和己(たての・かずみ)　1950 年生．大阪府立近つ飛鳥博物館長・奈良女子大学名誉教授・奈良文化財研究所都城発掘調査部史料研究室客員研究員．日本古代史学．

馬場　基(ばば・はじめ)　1972 年生．奈良文化財研究所都城発掘調査部史料研究室長．日本古代史学．

藤間温子(ふじま・あつこ)　1985 年生．奈良文化財研究所都城発掘調査部史料研究室アソシエイトフェロー．日本古代史学．

方　国花(ほう・こっか)　1980 年生．奈良文化財研究所都城発掘調査部史料研究室客員研究員．日本語学．

星野安治(ほしの・やすはる)　1976 年生．奈良文化財研究所埋蔵文化財センター年代学研究室長．年輪年代学．

山本　崇(やまもと・たかし)　1972 年生．奈良文化財研究所都城発掘調査部上席研究員．日本古代史学．

山本祥隆(やまもと・よしたか)　1983 年生．奈良文化財研究所都城発掘調査部史料研究室研究員．日本古代史学．

渡辺晃宏(わたなべ・あきひろ)　1960 年生．奈良文化財研究所副所長・都城発掘調査部副部長．日本古代史学．

独立行政法人国立文化財機構
奈良文化財研究所
〒630-8577　奈良市二条町2丁目9番1号
https://www.nabunken.go.jp/

木簡　古代からの便り

2020年2月26日　第1刷発行
2020年6月25日　第3刷発行

編　者　奈良文化財研究所

発行者　岡本　厚

発行所　株式会社　岩波書店
〒101-8002　東京都千代田区一ツ橋2-5-5
電話案内　03-5210-4000
https://www.iwanami.co.jp/

印刷・理想社　カバー・半七印刷　製本・松岳社

ISBN 978-4-00-025325-3　　Printed in Japan